Schleswig

Ein Lesebuch

Die Stadt Schleswig in
Erzählungen, Anekdoten, Sagen, Reisebeschreibungen und
Kindergeschichten sowie Gedichten von einst und jetzt

gesammelt und herausgegeben
von
Horst Kutzer

Husum Verlag

Umschlagbild: Elke Ulrich, „Der Schleswiger Dom"

CIP-Kurztitelaufnahme der Deutschen Bibliothek

Schleswig : e. Lesebuch ; d. Stadt Schleswig in Erzählungen, Anekdoten, Sagen, Reisebeschreibungen u. Kindergeschichten sowie Gedichten von einst u. jetzt / ges. u. hrsg. von Horst Kutzer. – 2. Aufl. – Husum : Husum-Verlag, 1987.
ISBN 3-88042-287-7
NE: Kutzer, Horst [Hrsg.]

2. Auflage 1987

Satz: Fotosatz Husum GmbH
Druck und Verarbeitung: Husum Druck- und Verlagsgesellschaft
Postfach 1480, D-2250 Husum
ISBN 3-88042-287-7

Vorwort

St. Petri-Dom, Schloß Gottorf, Fischersiedlung auf dem Holm, Beliebungsfeste, Haithabu, Moorleichen . . . Ist nun Schleswig eine ehrwürdige Stätte für Historiker, das liebenswürdige Städtchen der alteingesessenen Bürger oder eine Reisestation voller Sehenswürdigkeiten für die Touristen?
Als Inspiration für Literaten ist Schleswig bis auf wenige Ausnahmen bislang nicht unbedingt bekannt. Dabei gibt es eine überraschende Fülle an literarischen Zeugnissen: man muß sie nur finden. Versteckt in Tagebüchern, Reisebeschreibungen, Romanen und Gedichtsammlungen sehr verschiedener Autoren und Themenbereiche lagern sie in Büchereien, Bibliotheken und Archiven. Schwieriger ist es, aus der Menge der gesammelten Texte von einst und jetzt eine Auswahl zu treffen, die möglichst viele Aspekte der Stadt Schleswig berücksichtigt.
Die vorliegende Textsammlung soll in knapper Form ein unterhaltsames Lesevergnügen darstellen und bisweilen zum Nachdenken anregen. Die Textfolge ist nicht historisch-wissenschaftlich gegliedert. Vielmehr möchte ich die Aufzeichnungen der verschiedenen Autoren in der Art eines „bunten Straußes" präsentieren. Im Interesse einer möglichst umfassenden Dokumentation erhalten hier auch Texte, die von nichtprofessionellen Autoren verfaßt wurden, ihren Platz, z. B. der Bericht des Leinewebergesellen Benjamin Riedel. Gerade die stilistischen und inhaltlichen Unterschiede der Texte ergeben in ihrer Gesamtheit ein anschauliches Bild der Stadt mit all ihren Reizen und Widersprüchen. Auf Erklärungen und Anmerkungen bei dieser kleinen literarischen Entdeckungsreise durch die Stadt Schleswig habe ich verzichtet, da sie den Rahmen eines „Lese-Buches" in der vorliegenden Form sprengen würden.
An dieser Stelle möchte ich Frau Karen Hansen, Dansk Bibliotek Slesvig, und den Herren Dr. Dietrich Bieber, Dr. Theo Christiansen, Walter Körber, Christian Radtke M.A., Prof. Dr. Ernst Schlee und Geerd Spanjer, alle aus Schleswig, herzlich danken, die mir durch ihre fachliche Beratung bei meiner Arbeit geholfen haben.

Horst Kutzer

Die Stadt Schleswig – Ansichten und Eindrücke

Entzückt über die reizende Lage Schleswigs

Von Theodor Fontane

Der Reisende, der von Süden kommt, ist gewöhnlich entzückt über die reizende Lage Schleswigs, das sich hufeisenförmig um die Schlei ausbreitet und von sanft ansteigenden Höhen eingeschlossen ist, auf denen zum Theil die prächtigsten Buchenwaldungen stehn. Je näher man kommt, desto angenehmer ist der Eindruck, den Stadt und Landschaft ausüben. Der altehrwürdige Dom mit seinem winzigen Thürmchen, das prächtige Schloß Gottorp mit seinen historischen Erinnerungen, die Michaeliskirche und selbst die Windmühle auf dem Gallberge, die kleinen mit Blumen gezierten Häuschen, vor allem der Blick auf die Schlei (sammt der sagenreichen Möweninsel), über die, zumal um die Sommerzeit, leise Nebel hinziehn, schaffen hier einen Zauber, dem sich wohl wenige, die zuerst dieser Stadt ansichtig wurden, zu entziehen wußten. Stille ist hier, Behagen, Sauberkeit, dazu jener romantisch-historische Ton, den alte Städte immer zu haben pflegen.

Schleswig

Von Geerd Spanjer

Schloß Gottorf liegt in hellem Sonnenschein.
Die Möweninsel hüllen weiße Wolken ein.
Still träumt der Holm. Die Häuser First an First.
Stadt an der Schlei, ob du mir Heimat wirst?
Und findet hier – mein Leben war so bunt –
das Schifflein endlich sicheren Ankergrund?

St. Petris Orgel summt die Antwort mir zum Trost.
Die Wasserfläche kraust ein frischer Wind aus Ost.
Still suche ich, trotz Taglärm und Geschrei,
die Seele dieser Landschaft an der Schlei
und finde sie und gehe in sie ein. –
Stadt an der Schlei, du wirst mir Heimat sein.

Es hat Gott auch dieser Stadt zimblich zugetheilet

Von Nicolaus Heldvaderus

Es hat Gott auch dieser Stadt nach seinem / allein wollgefelligen maß / vnd nach eines jeden nodturfft / an Holtz / Acker / Wiesen / Garten / Enger vnd Auwen / Wasser vnd Weiden zimblich zugetheilet / doch haben die ersten für den lesten den furzug. Dennoch wechsselt das glücke mennigmahll herumb / also daß aus den ersten die letzten / vnd dann wiederumb auß den letzten die ersten werden / wie in andern Stedten vnd allenthalben sich solches offtmahls begibt vnd zutregt. Denn Gott bleibt bey seiner arth / ob schon wir Menschen offtmahlls wiederwenden / Vnd nach solcher alten weise machet Gott die Reichen / welche sich erheben / vnd hoffertig werden / Arm / Dagegen die Armen / die sich demütigen vnd dabey Gott fürchten / trewlich jhres beruffes warten vnd fromb sein / segenet er mit Reichthumb.
Schleßwig ist auch ein feine Fischreiche Stadt / beid auß dem saltzen vnd frischen Wasser / gibt zimblich gute Nahrung / Vnd ist allda ein feine frische gesunde Lufft / mit vielen fliessenden Quellen vnd Wasser Brunnen.
Vnd gleich wie in dieser Stadt allerley frömbd Getrenck an Wein vnd Bier / vielfeltig außgeschencket / So thut der Brawhandell zur Nahrung auch etwas. Vnd hat das Bier / so man daselbst Brauwet / vnd an der Farb vnd Geschmack der Cakabillen nicht vngleich / die art an sich / daß es / zimblicher massen Getruncken / gudt frisch Geblüte vnd fröhliche Leüte machet.
Die Einwohner sind also gesittet / daß sie gantz freundtlich kegen je-

derman sind / vnd keine grimmigkeit bey ihnen ist. Sie sind eines eintfaltigen vnd vnarglistigen Gemütes / mit keinen schweren Lastern beladen / wiewol daß vnter etzlichen auch gebrechligkeit gefunden / dann wir sind alle Adams Kinder.

Tagesthemen

Von Helmut Ulrich

5 Uhr, blauer Himmel.
In ihm der verdunstende Kondensstreifen
in Richtung Bundeswehrflugplatz.

Glockenläuten –
die Christen hier bleiben in Scharen zu Hause.

Jemand prügelt sein Kind.

An der Litfaßsäule vorbei schreiten –
plaudernd übers durchweg Positive
der sogenannten Berufsverbote –
Bürokratius und
Technokratius,
graue Typen,
schnarrende Märchenwaldpuppen – Pausbacke, Hohlwange.

Die beiden Leichenwäscher im Krankenhauskeller
machen Schicht,
stiefeln hoch,
essen.

Hinterm Haus
spielen 2 kleine Mädchen
und ein Wäschepfahl
Gummitwist.

2 Greise halten ein Schwätzchen.
Ihre prophetischen Münder.
Ihre leeren Augen.

Nach 6.
Die Ladenstraße leert sich.

Die Verkäuferin vom Eduscholaden,
die knochenbleiche, schwangere –
sie hat Schluß, geht noch rasch zu Co-op,
einholen für'n Abend.
. . .

Nordschein über Schleswig

Von Herzog Carl Eugen von Württemberg

Donnerstag, den 29ten Januar 1784

Gleich nach der Ankunfft in Schleswig aßen Wir zunacht und bald darauff legte mann sich zu Bette.

Hier verdient angemerckt zu werden, daß abends nach 7 Uhr ein stark-ker Nordschein erschien, der mir deßwegen besonders auffiele, weilen er sich von denen, die in Unßern Ländern gewöhnlich gesehen werden, darinnen besonders unterscheidete, das zu gleichen Distanzen aus seiner fast halbcirculmäßigen Gestallt ein etwas blasser Feuerregen herabfiele. Der Anfang geschae von Morgen gegen Abend und der Fall des feurigen Regen nahm die Direction von Abend gegen Morgen. Dem Postillion war dieße mir seltene Erscheinung nichts Neues, dann wie Ich ihme fragte, was dießes seye, antwortete er mir ganz trocken, ein Nordschein. Um 9 Uhr war davon gar nichts mehr zu sehen und auch denen Einwohnern fiele er ganz nicht auff.

UNVERDUNKELTE STADT

(Mai 1945)

Von Friedrich Ernst Peters

Immer in der Nacht bewahren
meine Füße noch die Scheu.
Alte Stadt, nach bösen Jahren
bist du heut wie nie erfahren,
fremd und neu.

Häusern kommt ein neues Wagen,
Häusern ist der Mut erwacht,
dunklen Binden abzusagen,
groß die Augen aufzuschlagen
in die Nacht.

Milde wurden sie aus Schauern
ihres Angsttraums aufgeweckt,
und es haben sich die Mauern
aus dem langen, bangen Kauern
aufgereckt.

Menschen, sucht zu überwinden,
was euch duckt und mutlos macht!
Wagt, die Augen zu entbinden,
schlagt sie auf, die tränenblinden,
in die Nacht!

Jalousie des Duftes – Blumenschmuck in Schleswig

Von Théophile Gautier

Die Stadt breitet sich in der Länge an jeder Seite einer großen Straße aus, an welche sich – wie bei einem Fisch die kleinen Gräten ans Rückgrat – die anderen Gassen anschließen. Man stößt in Schleswig auf schöne, moderne Häuser; wie immer haben sie jedoch nichts Charakteristisches. Die einfachen Behausungen hingegen tragen ganz den Stempel des Lokalen: Sie bestehen aus einem sehr niedrigen, ungefähr 7 oder 8 Fuß hohen Erdgeschoß, worüber ein großes Dach aus roten, ausgekehlten Ziegeln herniederstürzt. Die Vorderfront wird in ganzer Breite von Fenstern eingenommen; hinter diesen Fenstern erblühen in Töpfen aus Porzellan, Steingut oder glasiertem Ton alle Arten von Blumen: Geranien, Verbenen, Fuchsien – saftige, fleischige Pflanzen –, und das ohne jede Ausnahme. Noch das ärmste Haus ist wie die anderen mit Blumen geschmückt. Im Schutze dieser Art von Jalousie des Duftes halten sich die Frauen auf und stricken oder nähen, und aus dem Augenwinkel betrachten sie im spiegelnden Spion die seltenen Passanten, deren Stiefelschritte auf dem Pflaster widerhallen. Die Blumenzucht ist eine der Leidenschaften des Nordens; in Ländern, wo Blumen von Natur aus vorhanden sind, macht man davon nicht viel Aufhebens.

(Aus dem Französischen von Helmut Ulrich)

Über die Weitläufigkeit der Stadt

Von Ulrich Petersen

Man könnte mit gutem Fug die Stadt Sleswyck nach ihrer krummen und ungeraden Situation „Scheefwyck“ nennen, weil ihre ersten Einwohner den halben Mond in ihrem Stadtwapen zum Lineal gebraucht und die gassen fast alle scheef und krumm angeleget haben. Wie jener fremde Marktstreicher diese Stadt in einer so lange Reihe von der Busdorfer Seite durch Friedrichsberg über den Gottorfer Damm durch den Lollfuß bis an den großen Markt durchwandert hatte, verwunderte er sich nicht wenig, daß eine Stadt von etwa einer halben Meile lang kaum so viel Gassen hatte, als ein Storch mit Gedärmen versehen ist und schrieb bei seiner abreise von diesem Ort nach Proportion seiner Situation folgende Verse in sein Journal hinein:

Wie eine Fleischwurst lang und schmal am Rande einer Schüssel lieget,
So hat auch Sleswig, Stadt und Burg, sich an den Strand der Sley verfüget;
Zu laufen, rennen hin und her muß einer unverdrossen seyn,
Doch ist die Hoffnung zum Gewinn bei meiner Treu verteufelt klein.

Ein arabischer Reisender besucht Haithabu/Schleswig im 10. Jahrhundert

Schleschwîq

ist eine sehr grosse Stadt am äussersten Ende des Weltmeers. In ihrem Innern giebt es Quellen süssen Wassers. Ihre Bewohner sind Sirius-Anbeter, ausser einer kleinen Anzahl, welche Christen sind und dort eine Kirche besitzen. At-Tartûschî erzählt: Sie feiern ein Fest, an dem sie alle zusammenkommen, um den Gott zu ehren und um zu essen und zu trinken. Wer ein Opfertier schlachtet, errichtet an der Thüre seines Hauses Pfähle und thut das Opfertier darauf, sei es ein Rind oder ein Widder, Ziegenbock oder Schwein, damit die Leute wissen, dass er es opfert zur Ehre seines Gottes. Die Stadt ist arm an Gütern und Segen. Die Hauptnahrung ihrer Bewohner besteht aus Fischen, von denen sie eine Menge haben. Werden einem von ihnen Kinder geboren, so wirft er sie ins Meer, um sich die Ausgaben zu sparen. Auch erzählte er, dass das Recht der Scheidung bei den Frauen ist: das Weib scheidet sich selbst, wann sie will. Auch giebt es dort eine künstlich hergestellte Augenschminke, bei ihrem Gebrauch nimmt sie niemals ab und es nimmt zu die Schönheit bei Männern und Frauen. Auch sagt er: Nie hörte ich hässlicheren Gesang, als den der Schleswiger und er ist ein Gebrumm, das herauskommt aus ihren Kehlen gleich dem Gebell der Hunde, nur noch viehischer als dies.

Mein Schleswig

Umkränzt von schatt'gen Waldeshöh'n,
Von duft'gem Saatgefild,
So liegst du, liebes Schleswig, da,
Des Friedens lieblich Bild,
Und deiner Glocken trauter Klang
Weckt alte Melodei.
So liegst du, liebes Schleswig, da
Am grünen Strand der Schlei.

Paläste nennest du nicht dein,
Nur einen stolzen Dom,
Und deine Häuser spiegeln sich
In einem glatten Strom.
Stolz sind die Mädchen deiner Stadt,
Die Burschen frank und frei.
So lieb ich, liebes Schleswig, dich,
Am Strand der blauen Schlei.

O, mög' bis in die fernste Zeit
Ein glücklich Los dir blühn!
Und dunkle Unglückswolken stets
An dir vorüberziehn.
Auf daß den Bürgern dauernd Glück
in deinem Bann gedeih.
So grüß ich, liebes Schleswig, dich,
Du Perle an der Schlei.

Schleswiger Zungenbrecher

In Sleswig an die Slie hett de Slachter een Swien slacht.

Spaziergang durch die Stadt – Schleswiger Stationen

Domschüler-Treff „Senator"

Von Lise Gast

Sie hatten Flensburg angesehen, – pflichtschuldigst, aber ohne allzu große Überwindung Flensburger Grog getrunken, waren das kleine Stück nach Glücksburg gefahren, der Wiege deutscher und dänischer Könige, und dann nach Schleswig, um den heiligen Christopherus im Dom zu begrüßen, von dem Julia gehört hatte. Der riesige Heilige mit dem winzigen Christuskind, der Bordesholmer Altar, lag jedoch im Halbdunkel, so daß man Einzelheiten nur schwer erkennen konnte. Er gefiel Julia sehr, und nur das beharrliche Flüstern von Simon, sie wollten doch nun endlich zum Senator, brachte sie dazu, ihm zu folgen.
„Was haben Sie denn mit dem Senator im Sinn? Eine Besprechung?" fragte sie etwas indigniert, als sie den Dom verlassen hatten und draußen standen, im Wind, der die letzten Blätter von den hohen Kastanien riß. „Kalt ist das hier – und dabei kein Schnee mehr –"
Simon lachte.
„Eine Besprechung? Aber wo. Kommen Sie."
Er zog sie durch ein sehr schmales Gäßchen, ein Platz tat sich auf, und ihnen gegenüber sah man an einem niedrigen Häuschen niedrige Fenster und eine kleine Tür. Über der Tür stand: „Senator."
„Ach, nur eine Kneipe", sagte Julia enttäuscht.
„Aber was für eine!" Simon zerrte sie, fast im Geschwindschritt, über den Platz, riß die Tür auf, und – Ja, da machte auch Julia große Augen. Eine ganz, ganz alte Gaststätte, blanke Tische, Bänke drum herum, alles so niedrig, daß man dachte, die Decke fiele einem auf den Kopf. Und so eng, daß man dicht aneinandergeschachtelt saß, beinah aufeinander. Das aber schien hier üblich zu sein.
Ein offnes Feuer, dahinter der Koch, den man hantieren sah, an den Wänden kupferne und messingne Geräte, nachgedunkelte Bilder, ein Schiff in einer Flasche. Wunderbar.
Sie aßen den besten Fisch, den Julia je bekommen hatte – wie er hieß, vergaß sie wieder. Aber dieses Lokal würde sie nicht wieder vergessen,

so romantisch und liebenswert war es, und Simon nicht, der, diesmal nicht über Eck, sondern dicht neben ihr saß, ziemlich dicht, und ihr allerhand ins Ohr flüsterte. Daß hier die Pennäler der Stadt – Schüler der Domschule – sich mit ihren Mädchen träfen, daß dies ein althergebrachter Brauch sei, der nie zu brechen war; selbst die Lehrer konnten nichts dagegen ausrichten, und daß –
‚Der Koch denkt sicher, er macht mir eine Liebeserklärung nach der anderen, weil er mir so ins Ohr tuschelt', dachte Julia und fühlte sich seltsam verwunschen, fast, als wäre sie eine Schleswiger Schülerin und säße neben einem Domschüler, – ‚dabei spricht er von anderen, von Pennälern und Paukern, die ich nie gesehen habe und nie sehen werde. Eigentlich könnte er ruhig –' sie dachte lieber nicht weiter. Dann tranken sie Bommerlunder.
Simon war ein Reisekamerad, wie man ihn sich wünschte. Immer guter Dinge, immer aufgelegt zu irgendeinem Unfug, immer unternehmend, dennoch geruhsam. Er aß gern. Er schlief gern. Er fuhr – nichtsdestotrotz – gern Auto. Er wußte von jeder Stadt, von jedem Land etwas zu erzählen. Ob es stimmte und woher er es hatte, war nicht so wichtig.
Daß er so viel von Schleswig wußte, hatte einen sehr einfachen Grund. Er war eine Zeitlang hier zur Schule gegangen, sein Vater hatte ihn hierher geschickt. Gewohnt hatte er bei einer uralten Tante in einem noch uralteren Giebelhäuschen mit Spion am Fenster und Mullgardinen und Geranientöpfen davor. Und hier im Senator hatte er gesessen, mit –
„Hübschen Schülerinnen zusammen?" fragte Julia und sah ihn an. Er lachte verlegen.
„Nicht so sehr hübsch. Nicht so wie –"
Gerade kam der Kaffee, der hier, wie überall im Norden, als Abschluß jede Mahlzeit krönt. Schade. Obwohl – auch der Kaffee war hier sehr gut . . .

Altstädter Schützenmarsch von 1568

Krischan Wriedt, Krischan Wriedt,
Nu ward't Tied,
Dat du de Vagelscheeterbüx antreckst.
Krischan Wriedt, Krischan Wriedt,
Nu ward't Tied,
Dat du de Vagelscheeterbüx antreckst.
Piepenlock, Trommelstock,
Säbel und Gewehr,
Krischan Wriedt, nu ward't Tied,
Komm du gau mal her.
Krischan Wriedt, Krischan Wriedt,
Nu ward't Tied,
Dat du de Vagelscheeterbüx antreckst.
Ann-Kathrin, Ann-Kathrin,
Nu mutt sin:
Ick treck de Vagelscheeterbüx nu an.
. . .

Der Maurer

Als im Jahre 1865 König Wilhelm zum ersten Male die Stadt Schleswig besuchte, wurde dort ein großes Fest gefeiert. Jede Zunft sandte eine Abordnung und Vertretung, und die marschierten alle an dem König vorüber, die Zunft der Schlachter, der Schneider, der Bäcker usw. Da kam auch die Maurerzunft, die Meister mit der Wasserwaage, die Gesellen mit der Kelle. An der Spitze aber marschierte ein Mann, nicht, wie die andern, in Bluse und Schurz, sondern in feierlicher schwarzer Kleidung. In den Händen hielt er ein kleines schwarzes Samtkissen, auf dem eine kleine Kristallflasche lag. Der König konnte es sich nicht versagen, zu fragen, was Kostbares in der Flasche enthalten sei. Da antwortete ihm der Würdige: „Herr König, diese Flasche enthält das Kostbarste, was unsere Zunft zu eigen hat, es sind drei Tropfen Maurerschweiß!"

Wilhelm Petersen:
„Pflanzt Rosen vor Euren Häusern."

Von Lorenz Petersen

. . . Seinen neuen Amtssitz in Schleswig hatte Wilhelm Petersen bei seiner Versetzung Nonnenkamp gegenüber als den „alten Hundestall" bezeichnet. Der Abstand zu dem lebhaften, geistig angeregten Kiel mit seinen akademischen Instituten und seiner Universität war allerdings groß. Auch später klagte er wohl noch einmal, daß er „dort ziemlich außerhalb der Welt stehe". Doch hatten die besonderen Reize Schleswigs ihn so sehr bald für sich eingenommen, daß er sich um ihr Wohl lebhaft bemühte. So trat er schon im Jahre 1872 und in der folgenden Zeit durch die Presse an seine Mitbürger mit der Aufforderung heran: „Pflanzt Rosen vor Euren Häusern." In dem ersten Aufruf hieß es u. a. folgendermaßen: „Als Knabe fuhr ich zur Rosenzeit durch Itzehoe und niemals habe ich den Eindruck vergessen, den die vielen mit blühenden Rosen geschmückten Häuser auf mein Gemüt machten. Ich glaubte, daß in den Rosenhäusern lauter gute und freundliche Menschen wohnen, und wäre ich in der Lage Abrahams gewesen, so würde ich gebeten haben, daß wenigstens die Menschen in den Rosenhäusern von dem Schwefelregen verschont werden möchten." Er hatte die Genugtuung, daß seine Werbung von Erfolg war: schon im fünften Jahre waren mehrere hundert Häuser neu mit Rosen bepflanzt und die Stadt selbst hatte den Namen der Rosenstadt erworben. Die Enttäuschung, daß auch enger spießbürgerlicher Geist herrsche und sich durchsetzen könne, blieb ihm nicht erspart, als er sich gegen den beabsichtigten Abbruch des die Hauptstraße der Altstadt zierenden mittelalterlichen Hohen Tores — das den Omnibuskutscher nötigte, sein Haupt zu neigen — öffentlich zur Wehr setzte. Alle guten Gründe der Pietät, des Bürgerstolzes, der Schönheit und alle Unterstützung, die er u. a. bei dem späteren Provinzial-Konservator Richard Haupt und bei amtlichen Stellen fand, halfen nichts: das Tor mußte fallen. Es blieb ihm daher nichts zu tun, als aus den gerade erschienenen Gedichten Gottfried Kellers den schuldigen Vandalen die Schlußzensur zu erteilen:

„Die Ratzenburg will Großstadt werden
und schlägt die alten Linden um.
Die Türme macht sie gleich der Erden

und streckt grad, was traulich krumm.
So ist gelungen jeder Plan,
doch niemand sieht die Stadt mehr an." . . .

Der Brutsee

– Eine Sage –

Ganz nahe bei Schleswig neben dem Wege nach Moldenit liegt ein kleiner schöner See, der Brutsee. In alten Zeiten war er ganz von Wald umgeben und ein Dorf lag daran, das zu St. Jürgen in Schleswig eingepfarrt war. Hier wohnte einmal ein reicher Bauer, dessen schöne Tochter einen armen Knecht liebte und ihm Treue gelobt hatte. Aber der Vater wollte sie einem reichen Hufner geben, und die Hochzeit ward auf den Pfingsttag angesetzt. Zum letzten Male sahen sich am Abende vorher die Liebenden an dem großen Steine, der noch am Ufer des Sees liegt. Als nun am andern Morgen Braut und Bräutigam mit ihren Verwandten über den See zur Stadt fuhren, ertönte plötzlich die Totenglocke, wie es bei uns Sitte ist, wenn einer gestorben ist. Und in demselben Augenblick erhub sich ein gewaltiger Wirbelwind, das Boot schlug um und alle ertranken. Die Leichen fand man bis auf die der Braut; sonst hätte man sie mit ihrem alten Liebsten begraben, dem das Läuten gegolten hatte. Aber in der Pfingstnacht steigt nun ein wunderschönes Mädchen in prächtigen Kleidern aus dem See, setzt sich auf jenen Stein und kämmt singend ihr langes goldnes Haar, bis der Morgen graut. Dann verschwindet sie wieder im See, der nach ihr der Brutsee heißt.

Andre erzählen, daß der Wagen der Braut am steilen Ufer umgeworfen sei und sie aus Sehnsucht nach dem verlornen Geliebten oft emporsteige. Ferner sagen andre, daß ein Mädchen durch Übermut einen braven jungen Mann zur Verzweiflung gebracht und er sich in den See gestürzt habe. Darauf schwört sie, als ihre Eltern ihr Vorwürfe machen, keinen zu heiraten; sonst möge der Teufel sie holen. Als sie dennoch mit einem sich trauen lassen will, kommt der Teufel und holt sie in den See. In einigen Nächten des Jahres steigt ein Stein hervor und die Braut sitzt kämmend da, bis gegen Morgen eine Stimme aus dem

See ruft und der Stein wieder mit ihr versinkt. – Noch andre sagen, sie habe sich selbst, um ihrem ersten Geliebten treu zu bleiben, hinein gestürzt, als der Zug zur Kirche will.

Ein Gang durch das Irrenhaus (1856)

Von Moritz Busch

. . . Größeres Interesse bot ein Gang durch das Irrenhaus, das durch seine palastartigen Gebäude zu den Zierden der Stadt und durch die Zahl seiner Pfleglinge – es befinden sich deren zwischen fünf- und sechshundert hier – zu den großartigsten Anstalten seiner Art gehört. Die Lage der Gebäude auf dem Kamme der Höhen zwischen der Altstadt und dem Dorfe St. Jürgen ist überraschend schön. Dieselben zerfallen in ein Männer- und ein Frauenhaus, eine Nebenanstalt für Tobsüchtige (hier schonend als „unruhige Kranke" bezeichnet) und ein Oekonomiegebäude, welches sich durch eine große zweckmäßig eingerichtete Dampfküche auszeichnet. Die Kranken sind in drei Verpflegungsklassen eingetheilt, welche verschiedene Preise zahlen. Da das Institut eine Landesanstalt für Schleswig-Holstein ist, so sind diese Preise für Irre, die aus den Herzogthümern eintreffen, nur 87, 160 und 320 Thaler, während das Ausland – zu dem in dieser Beziehung auch Dänemark und Lauenburg gerechnet werden – für dieselben Klassen ungefähr das Dreifache zu entrichten hat. Das Irrenhaus nimmt nicht nur heilbare Kranke auf, sondern verpflegt auch unheilbare. Es hat ein nicht unbeträchtliches eignes Vermögen. Doch haben die Neubauten der letzten Jahre gegen hunderttausend Thaler gekostet. Die Freiheit ist auffallend wenig beschränkt, und da keine Mauern die Gärten umgeben, so kommen bisweilen Entweichungen vor. Drei Aerzte sind mit der Aufsicht und der Behandlung der Kranken betraut.

Wir besuchten zunächst das Haus der unruhigen Kranken, vor dessen Fenstern in einer Art Hof mehrere abscheulich verzerrte Gesichter zum Theil dumpfbrütend, zum Theil murrend umherstanden. Einer lag, den Kopf in die Hände gestemmt, im Sande. Ein Anderer forderte fluchend seine Befreiung aus dem „Narrenkäfig". Ein Dritter mit ei-

ner Löwenphysiognomie ging, die Hände auf den Rücken gebunden, unablässig murmelnd mit hastigen Schritten auf und ab. Es war ein Anblick, als ob man in einen Bärengarten hinabsähe.
Heiterer, wenn hier von Heiterkeit zu reden erlaubt ist, wurden die Scenen, als der Assistenzarzt, nachdem er uns die Oekonomie gezeigt, uns in die Zellen und Säle des Männerhauses führte. Gleich der erste Irre, der uns begegnete, war ein lustiger Gesell mit vollen rothen Bakken. Er schüttelte uns der Reihe nach die Hände, erzählte unserm Führer, daß er heute sehr fleißig gewesen und vierhundertfünfzigtausend Ziegel getragen und bat sich schließlich – eine Bitte, die von den Meisten gethan wurde – die Erlaubniß aus, nach Hause gehen zu dürfen. Ein Stück davon schritt ein alter Däne aus einer gewaltigen Meerschaumpfeife dampfend gravitätisch hin und her. Er trug einen langen weißen Bart, und aus der Brusttasche des soldatisch bis zum Halse zugeknöpften Rockes hing ein Uhrgehänge mit rothen Kirschen – sein Ordenszeichen. Mit barschem Tone forderte er, nachdem er militärisch gegrüßt, seine unverzügliche Entlassung, da er nun bereits zwanzig Jahre hier zurückgehalten worden sei. Weiterhin bat ein geschwätziger Schiffszimmermann, ihm zu helfen, da die Königin von England ihn durchaus heirathen wollte und die Norweger ihn deshalb verfolgten. Nicht fern von ihm verlangte ein blasser junger Mann Postpferde, um nach Altona reisen zu können, wo er Rathsherr werden sollte. „Fragen Sie nur meine Mutter", sagte er zu dem Arzte, der dies bezweifelte, „die weiß, daß es wahr ist." Auf dem Korridor des Stockwerks, wo die vornehmen Kranken wohnen, warf uns ein Mann in schwarzem Ballanzuge einen Blick souveräner Verachtung zu. Es war der Prinz von Dänemark, ein früherer Advocat. In einem Eckzimmer studirten Mehrere einen Brief mit vielen Kreuzen, den einer von ihnen direct vom Himmel bekommen hatte. Die friedlichste, aber zugleich die wunderlichste Erscheinung von Allen war ein alter Ingenieur, ein graues Männchen in einem blauen Frack à la Schwalbenschwanz. Alle Wände seiner Zelle waren von oben bis unten mit Tabackspfeifen austapeziert, und die zweite Manie des Insassen bestand darin, daß er sich fortwährend mit der Lösung überaus schwieriger Rechnenexempel abmühte, die er sich selbst aus den Buchstaben eines alten Katechismus construirte. Wir fanden ihn in der besten Stimmung; denn eben hatte er wieder „einen Leviathan gefangen." Leviathane oder Walfische nämlich nannte er die besonders schweren unter den Aufgaben, die er sich stellte.
Ueber die Scenen im Frauenhause, wo sich ein eleganter Conversations- und Betsaal befindet, lassen Sie mich schweigen. Sind schon ge-

müthskranke Männer ein trauriger Anblick, so ist die Verzerrung weiblicher Züge, der man hier namentlich im Saale der Blödsinnigen begegnet, das Grauenvollste, was sich in diesem Bereiche denken läßt, und es war erwünscht, daß unser Begleiter seinen Besuch in diesen Räumen nach Möglichkeit abkürzte. Wir wollten eben das Männerhaus, durch dessen Hof wir zurückkehrten, verlassen, als ein stämmiger Bursch uns mit wüthendem Blicke nachgesprungen kam, dem Doctor die geballte Faust unter die Augen hielt und von ihm, indem er ihn mit Du anredete, seine augenblickliche Freigebung verlangte. Der Arzt blieb kaltblütig. Er kannte seinen Mann, und ohne auf die Forderung einzugehen, fragte er: „Nicht wahr, Du warst Trompeter in der schleswig-holsteinischen Armee?" – „Freilich, Doctor, freilich bin ich das gewesen", antwortete der arme Bursch. „Nun so verhalt Dich hübsch ruhig, und wir werden sehen, ob Du's nicht wieder werden kannst." Der Unglückliche war schon bei der Frage plötzlich freundlicher und gelassener geworden. Das Versprechen machte ihn zahm wie ein Lamm. So folgt die Liebe zu dem, was die Vergangenheit werth machte, selbst bis in den Irrsinn hinein. Die einzigen Lichtblicke, die, wie es schien, die verfinsterte Seele des armen Jungen noch erhellten, waren Erinnerungen an Schleswig-Holstein und sein Heer. . . .

He paßt to Schleswig

Aufgrund der Nervenheilanstalt in Schleswig spöttelte man früher überall im Land wie folgt über einen dümmlichen Menschen: „He paßt to Schleswig."
Oder noch direkter: „He mutt nah Schleswig ünner de Pump."

Die schwarzen Mönche in Schleswig

1190

Von Detlev von Liliencron

Die Cluniacenser von Sankt Michael,
Das waren lustige Brüder;
Die tanzten und juchten kreuzfidel
Mit den Nonnen von Sankt Lüder.

Der Abt tanzte selber weit voran,
Ein Lüdrian sondergleichen.
Einst spielten die Mönche dem wackern Mann
Den tollsten von all ihren Streichen.

Ein Mönch fand den Abt im Kloster nicht,
Der war bei Nachtzeit verschwunden.
Warte, dir läut ich das jüngste Gericht,
Gleich soll es die Glocke bekunden.

Das Sterbeglöckchen, bimmeldi bim,
Wütet wild und vermessen.
Bim, bimmeldi, bimmeldi, schlimmer als schlimm,
Der Mönch reißt am Strang wie besessen.

Die Kutten laufen wie Küchlein her:
Misericordia sempiterna.
Was ist denn los? fragts kreuz und quer.
„Abbas mortuus est in taberna."

Sie machen sich auf in die Stadt in Eil,
Alle kennen die Taverne.
Das Volk nimmt lachend am Zuge teil,
Just löschte der Tag die Sterne.

Mortuus est in anima! schreit
Der Mönch schier unverdrossen.
Er schwingt das Rauchfaß, er psalmodeit;
Mit plärren die Ordensgenossen.

Die feierliche Prozession
Ist ad bordellum gekommen.
Da finden sie den saubern Patron;
Dem wird sehr beklommen.

Bei einer langen Hure lag
Der geistliche Herr mit Vergnügen.
Oh weh, es rührt ihn fast der Schlag,
Er muß sich den Umständen fügen.

Nun geht es im Triumphschritt zurück,
Die Wallfahrt äfft Klagelieder.
Dem würdigen Abt fällt Stück um Stück
Von seiner Sauseele nieder.

Bischof Waldemar hörte bald den Verdruß,
Er kannte keine Gnade:
Der Abt und die Mönche, das war kein Genuß,
Erhielten die Bastonade.

Ferne Heimatkunde aus erster Hand

Von Siegfried Lenz

Genug, du wirst dir sagen können, warum ich nicht einen Augenblick zögerte, als die Direktion der Schleswiger Schule meines Sohnes mich einlud, vor den Schülern der Oberstufe einen Vortrag zu halten; der Titel wurde mir geliefert: Vergessener Osten, eine Reise durch Masuren. Ich sollte nicht allein sprechen; außer mir war auch noch der Lucknower Tierschriftsteller Pillunat eingeladen, der versonnene Freund des Wisents, der dem Leben und den Gewohnheiten des verzottelten, jedenfalls urtümlichen Fleischbergs mehrere Bücher gewidmet hatte.
Auf dem Weg zum Lehrerzimmer, in einer Pause, begegnete ich meinem Sohn Bernhard und einigen seiner Klassenkameraden; sie konnten wohl nicht anders, sie mußten mich allesamt mit ironischer Unter-

würfigkeit grüßen, einen angewinkelten Ellenbogen vor der Brust. Pillunat, der sich leicht von Stimmungen überwältigen ließ und dabei offensichtlich an Sprache einbüßte, kam mir mit ausgestreckten Händen entgegen, blickte mich seltsam starr an, zwingend, als verdankte er mir das Glück des Tages. Aber nei doch. Aber ja doch. Die Geschichtslehrerin bot Fruchtgetränke an, der Geographielehrer gab es rasch auf, uns sein kränklich blasses Käsegebäck zu empfehlen; er dankte uns für die Bereitschaft, den Schüler einzuweisen in die Bedingtheiten eines Landes, das wir verlassen mußten. Als es an der Zeit war, in die Aula zu gehen, fehlte plötzlich Pillunat; ich fand ihn im Klassenzimmer, allein, auf einem Stuhl, den Oberkörper versteift, das Gesicht leicht erhoben, er saß mit geschlossenen Augen da und schien zu beben vor Anspannung . . .
Nein, das nicht; es war lediglich seine Art der Versenkung, der Konzentration, die er für umso nötiger hielt, als ihm das, was er mitteilen wollte, stetig entglitt, wegschwamm, unscharf wurde und er es nur einholen, herbeizwingen konnte durch gesammelte Selbstversetzung. Ich wartete, bis seine kontemplative Fahndung Erfolg hatte, konnte aber dennoch nicht verhindern, daß er erschrak, als ich ihm eine Hand auf die Schulter legte. Es ist soweit, sagte ich, worauf er versonnen nickte; im Konvoi zogen wir in die Aula ein und wurden zunächst auf erhöhten Sitzplatz gebeten, da die Lehrerschaft es sich nicht nehmen lassen wollte, in uns einen Besuch anzukündigen, der in der Lage sei, Geschichte und ferne Heimatkunde aus erster Hand zu vermitteln.
Zuerst war ich dran, doch bevor ich zum Ausflug einlud in dämmrige Vorzeit, in ergiebiges Niemandsland, das allmählich unter das Rad der Geschichte geriet, ließ ich vor dem keineswegs verschlossenen, eher in träger Neugier verharrenden Auditorium einige Fragen steigen, leichte, kontaktstiftende Fragen: ob man mir, wollte ich wissen, zufällig den Namen einer masurischen Stadt nennen könnte, oder eines masurischen Sees oder Flusses? Und wenn nicht dies: Ob man mir zufällig sagen könnte, an welch ein Land dies Masuren grenzte? Da niemand antworten wollte, faßte ich einen Jungen in einem sackartigen Pullover ins Auge: na, an welch ein Land wohl? Aus bergendem Hintergrund rief jemand „Sachsen", und der Junge wiederholte mißmutig: Sachsen, klar. Obwohl Ablehnung prompt spürbar wurde, konnte ich eine zweite Frage nicht unterdrücken: Wodurch Masuren, falls überhaupt, bekannt geworden sei, wollte ich wissen, und nach finsterem Begrübeln sagte tatsächlich eine sehr zerknautschte Lederjacke in der ersten Reihe: Na, durch seinen König, will ich stark annehmen, durch den König von Masuren.

Ja, und dann ließ ich dies Land entstehen, beschwor es nach der Art von Onkel Adam, bis es Umriß und Gestalt und Eigenart gewonnen hatte, und dann ließ ich sie nacheinander auftreten, alle, die sich dies Land aneigneten und wieder entrissen, nicht viel mehr hinterlassend als ein vages Echo und die lehrhaften Legenden ihrer Niederlagen; sie hörten mir kaum zu. Verstehst du: Sie hörten mir kaum zu!
Während ich masovische Honigbauern und Jäger in der geschenkten Wildnis aufkreuzen ließ; während ich die beiden Tannenbergschlachten skizzierte und auslegte; während ich ihnen Bilder vergangenen Brauchtums vorstellte und sie schließlich mitnahm auf die von Trümmer und Wracks gesäumte Spur unserer letzten Flucht, wandten sie sich, meine jungen Zuhörer, immer häufiger aneinander, tuschelten, tauschten verstohlen Gegenstände aus, brachten sich gegenseitig zum Grinsen, entzogen mir immer wieder sichtbar ihre Aufmerksamkeit. Es schmerzte mich, Martin, ja, es schmerzte mich; ich wußte nicht, was ich tun sollte. Zunächst nur unsicher und dann verlegen und verwirrt, bemühte ich mich, ihr Interesse dadurch zu gewinnen, daß ich mir das, was ich ihnen nahebringen wollte, noch intensiver vergegenwärtigte und mich als Augenzeuge von allem und jedem erscheinen ließ; es half wenig. Mein Versuch, ihnen humorvoll zu kommen, befremdete sie anscheinend, obzwar ich von einer gleichartigen Situation ausging, von einer Geschichtsstunde in einer masurischen Dorfschule, in der ein Schüler regelmäßig vor dem Höhepunkt eines historischen Ereignisses entscheidet: Scheiß, ich jeh. Nicht einmal ein Kichern schenkten sie mir. Allerdings, ein mäßiges Interesse erwachte, als ich ihnen die winterlichen Regatten der Eissegler beschrieb oder die Wettläufe über riesige Flöße oder die Wolfsjagden in rauchiger Schneeluft – es legte sich aber sogleich, ihr Interesse, als ich sie mit der unerhörten Bedeutung bekannt machte, die wir den Wochentagen zuerkannten.
Siehst du, und dann verhaspelte, verlief ich mich: statt bei der Darstellung unserer Teppichkunst zu bleiben, verlor ich mich in Symbolgeschichte, war plötzlich bei den Gänsezügen und suchte gleich darauf unsern Wunderglauben zu rechtfertigen, und wie mir der Stoff entglitt, so entglitten mir auch meine jungen Zuhörer. Ich erreichte es nicht, daß sie hinten ihr Kartenspiel unterbrachen, von ihrer Lektüre aufblickten, ich gewann sie einfach nicht für dieses Land, für seine Schönheiten und Absonderlichkeiten, und auch für sein Unglück nicht. Es wird dich nicht wundern, daß ich vor der Zeit aufgab, die sie mir zugestanden hatten und mich ratlos auf meinen Stuhl setzte und Pillunat das Wort überließ . . . .

Domschüler als politische Rowdies im 18. Jahrhundert

Von Johannes Ewald

Tagsüber waren wir die besten Freunde, aber abends zogen wir gegeneinander auf in voller Kriegsordnung; unsere Kämpfe endeten so wenig als Spaß, daß nicht selten einer oder zwei von uns nach Hause getragen werden mußten – Die bloßen Fäuste schienen uns bald eine zu kindische Waffe zu sein – Steine, die wir aufeinander warfen, waren unsere Geschosse; und Messer, die wir an das Ende von Stecken banden, waren unsere Bajonette – Es war ein wirkliches Wunder, daß kein Mord geschah – Ich muß feststellen, daß wir wirklich in unseren kleinen „Kriegen" anfingen, uns in eine Art von Politik einzumischen – Es gab eine Gruppe von armen Schuljungen, die eigentlich Currender hießen, weil sie dazu bestimmt waren, vor uns herzulaufen, und die wir Corinther oder Crinther nannten – Diese Corinther waren fast alle große handfeste und in Prügeleien wohlgeübte Jungen – Wir brauchten sie als Hilfstruppen – das heißt, daß die Partei, die die meisten Gelder aufbringen konnte, sie mietete und damit des Sieges gewiß war.

(Aus dem Dänischen von Theo Christiansen)

Erinnerungen an das Schleswiger Stadttheater

Von Hans Holtorf

Es ist nicht zu verlangen, daß Kinder ein Auge für die Außenseite, für die Physiognomie eines Gebäudes haben. Die Außenseite des Theaters bestand für uns nur aus Tür, und es handelte sich darum, durch diese möglichst schnell in das Innere einzudringen. In späteren Jahren aber, sooft ich nach Schleswig kam, freute ich mich stets über die bis heute unverändert gebliebene Fassade des alten, treuherzigen Gebäudes.

Wahrlich bescheiden und eingeklemmt liegt dieser Musentempel da, als wollte er sagen: „Viel Platz ist hier im Norden Deutschlands für die Kunst nicht vorhanden, diesen Platz jedoch, so bekniffen er ist, gedenke ich mit Zähigkeit festzuhalten." Auch der sachlich wägende Architekturbetrachter wird diese Fassade als nicht unsympathisch, wenn auch vielleicht als nicht vollauf gelungen empfinden; er wird nicht umhin können, Spuren einer ererbten, aber etwas verblaßten Schönheit in ihr festzustellen.

Standesdünkel der Schleswiger

Von Hans Holtorf

Schleswig war in der kaiserlichen Zeit überwiegend eine Militär- und Beamtenstadt, und das hieß, daß der Standesdünkel sehr ausgebreitet war. Von dem Glanz der Regierungsräte und höheren Offiziere war auch etwas auf die Lehrerinnen dieser Schule abgefallen, sie zählten sich zu der bevorzugten Oberschicht und vergaßen keinen Augenblick, dieses zum Ausdruck zu bringen. Sie trugen sich so steil wie kaiserliche Fahnenstangen, kniffen die Lippen vornehm zusammen und streckten das Kinn in die Luft, so daß sie in der glücklichen Lage waren, auf der Straße den Gruß eines ihrer Zöglinge, dessen Vater nur ein kleiner Mann war, übersehen zu können, während verwunderlicherweise ihr Rücken sich sehr elastisch nach vorn biegen konnte, wenn sie Herrn Oberstleutnant begegneten, der mit seinem Töchterchen ausritt. In diesem Geiste wurde auch der Unterricht gehandhabt. Wir Kinder kleiner Leute hatten nichts zu lachen, und es schlug uns wahrlich nicht zum Guten an, wenn wir etwas wußten, was Regierungsrats Töchterlein nicht wußte. Was mich betrifft, so kam ich freilich selten oder nie in diese Lage, denn die Vornehmheit verstörte mich derart, daß ich das Einfachste verkehrt machte.
Ein Kind hatten wir jedoch in der Klasse, ein Mädchen, das bei den alten Scharteken eine Ausnahmestellung genoß, obgleich es nicht der Hautevolée entstammte, sondern nur ein Schauspielerkind war. Aber Schauspieler, wenn auch in mancher Beziehung ‚verachtungswürdig', sind doch immerhin öffentliche Personen und Künstler, also ist es in-

teressant, mit ihnen umzugehen, und was das ‚Verachtungswürdige' angeht, so bieten sie willkommenen Anlaß, die eigene Vorurteilslosigkeit eben dadurch zu beweisen, daß man sich mit ihnen befaßt. Also war *Emmi Polte* persona grata in der Klasse, besonders dann, wenn sie mitzuspielen und wegen der Proben ihre Schularbeiten niemals gemacht hatte. Ihr Vater war der Direktor des Schleswiger Stadttheaters oder, genau gesagt, der Direktor einer Gesellschaft, die während des Winters die Theaterbedürfnisse des Schleswiger Publikums schlecht und recht befriedigte, im Sommer aber in irgendwelchen Kurorten spielte. Ihre Mutter, Frau Direktor also, pflegte hinter dem kleinen Schiebefenster an der Kasse zu sitzen, doppelkinnig und pompös, den üppigen Busen von einer Pelzboa umrahmt, und sie überreichte einem die Eintrittskarte mit einer Gebärde, als wenn der Papst zum Segen ausholt über Zehntausende. *Emmi* selbst war ein allerliebstes Kind.

Furchtbare Armut in Schleswig

Von Asta Heiberg

Im Jahre 1847 war ein Herr Scheffer Direktor (des Schauspielhauses). Er und besonders die Frau spielten sehr gut, außerdem waren es ordentliche, sparsame Menschen und hatten genügende Kräfte. Nach der verlorenen Schlacht bei Idstedt waren sie brotlos und hatten für die nächste Zeit keine Aussicht auf Erwerb. Das war sehr traurig, aber ihnen wurde geholfen. Verschiedene Familien boten ihnen Freitische an und sorgten auch sonst für sie. Der Heldenspieler, der gleichzeitig in den Liebhaberrollen mit Beifall auftrat, wurde unser Gast. Bei einem Kaufmanne, der bei uns wohnte, schaffte er sich einen Nebenverdienst. Er spülte leere Flaschen und füllte sie mit Bier, half auch sonst im Ladengeschäft. Mein Sohn Hermann und seine Freunde schätzten ihn sehr. Da er Pellkartoffeln mit Häring sehr liebte, wurde er zu diesem Schmauß häufig am Abend eingeladen. Im Freien wurde gekocht, gegessen, geplaudert und gelacht. Frau Scheffer hatte einmal mehrere Damen und mich gebeten, Taufpathe bei ihrem neugeborenen Kinde zu sein. Wir versammelten uns in dem sauberen Zimmer; ein langer, magerer Theologe unterhielt sich mit Herrn Scheffer, dann gruppirte man sich, und mir wurde das kleine Wesen auf den Arm gelegt. Der

Pastor sprach sehr bewegt und pathetisch. Das Kind schrie nicht, wie es sonst geschieht; es lag ganz ruhig und bewegte sich nicht; da hatte ich plötzlich die Ueberzeugung, daß ich ein todtes Kind im Arm halte. Ehe ich die Tragweite dieser Situation überlegen konnte, hatte der Pastor das Kind getauft und mir wurde es abgenommen. Wir legten unser Pathengeld in die Wiege und entfernten uns. Am nächsten Morgen erhielt ich die Anzeige, das Kind sei wirklich in jener Stunde gestorben. Wahrscheinlich war das Kleine schon kurz vor der Taufe dahingegangen; wenn diese aber nicht stattfand, fiel auch das Pathengeld weg, und sie brauchten es so nothwendig bei ihrer furchtbaren Armuth. So gebietet die Noth Vieles, was im Wohlstand unterbleibt.

In Schleswig – nix vör't Meß

Auf Nordstrand heißt es:
„De Husumer seggt:
‚Weerst wat ehrer kamen, harrst wat miteten kunnt!'"
Die Husumer sagen:
„In Schleswig, dor hebbt se wull dubbelte Töller, man nix vör't Meß."

Leben in der Schleswiger Gesellschaft um 1800

Von Georg Friedrich Schumacher

Von meinem ersten Umgange in Schleswig wollte ich sprechen. Wissenschaftliche Menschen, die ich hätte aufsuchen können, gab es hier nicht; Studirte genug, durch die Unzahl von Beamten. Diese aber hatten entweder alle ihre Gelehrsamkeit im Examen so rein wieder abgeliefert, daß ihnen auch Nichts geblieben war, oder der kleine Rest war unter den Dornen des sogenannten Geschäftslebens total erstickt. Man hörte nirgends ein wissenschaftliches Gespräch. Freilich die Prediger: Paysen, der alte Hensler, Börm, und Boysen? Diese kamen aber gar nicht unter andere Menschen; es war nicht Ton; vielleicht hätten diese doch Etwas geben können. Der Canzler, Vicecanzler, und die Räthe waren wenig für das öffentliche Leben, und sprachen oft nur von Fach-Sachen, und dgl. Die Aerzte und Advocaten, Hardesvögte, waren Lebemänner, und den Büchern feind. Der Amtmann auf Gottorf, so wie der zu Hütten, standen meinem Kreise zu ferne. Von gelehrten Journalen wurden nur die Literaturzeitung gelesen, und die armen Weiber gingen leer aus. Die Morgen- und Abendzeitung, der Freimüthige, das Journal für die elegante Welt, und der ganze Schwarm, der nachher uns Alle fast überschwemmte, existirte noch gar nicht, und die Damen sprachen nur von Conzert, Maskerade, Schauspiel, Küche, Keller, Wochenstuben, und dann und wann (d. h. sehr viel) ein Capitel aus der chronique scandaleuse. Hebben Se all hört (wenn sie so recht entre-elles waren, sprachen sie gerne plattdeutsch) und dann kam immer was Sauberes, bei dem die Ehre des lieben Nächsten gewiß nicht gewann. Die Männer lebten nach der Arbeit fast nur in Clubs, deren es für den Sommer wie für den Winter gab. Also: gelehrten Umgang zu suchen, wäre vergeblich gewesen. Was denn? Einige Visiten hatte ich gemacht, aber diese blieben nach einem kleinen Gegenbesuch ohne Folge. Der Buchhändler Röhß hatte mir sehr gefallen, ein Sachse, höchst gescheut, wohl unterrichtet, und trocken satyrisch; übrigens wie die andern, nach der Arbeit fort in den Club.

Bernhard v. Lepel an Theodor Fontane

Schleswig, 5. Mai 1848.

Lieber Freund!
Wir leben nun ganz angenehm in dieser freundlichen Stadt, machen Exkursionen in die Umgegend und lassen uns von den Einwohnern, die uns sehr dankbar sind, gut bewirten. Denke Dir, alter Freund, daß ich besondere Achtung vor den Apothekern bekommen habe. Ich weiß nicht, ob ich Dir in meinem vorigen (verlorenen?) Briefe erzählt habe, daß ich in Altona bei einem Apotheker Schulz wohnte, dessen Frau, ei-

ne junge Blondine, mir nicht sowohl durch ihre äußere Anmut als auch durch ihre Bildung auffiel. Sie hatte mir, ohne daß wir im Gespräch auf poetische Dinge gekommen wären, den Uhland, wie zum Nachtgebet, in mein Zimmer gelegt, und ich konnte mir's nicht versagen, ihr einige Verse hineinzuschreiben. Nun bin ich hier in Schleswig, nachdem ich acht Tage bei einem Baron Liliencron zugebracht, wieder bei einem Apotheker einquartiert und bin aufs angenehmste überrascht, wieder eine sehr hübsche, nicht weniger gebildete Frau zu finden. Sie hat schwarzes Haar und dunkle Augen, so daß sie wie eine Italienerin erscheint. Sie empfing mich mit einem Anstand und so gefälligen Formen, wie ich sie bei einer solchen Frau nicht erwartet hätte. Verzeih! dies „solche Frau" bezieht sich nicht auf den Stand, sondern auf ihre Heimat: sie ist in dem unbekannten Städtchen Eckernförde geboren. Leider konnt' ich nicht lange mit ihr zusammen sein, da sie, wie viele der hiesigen Damen, die Lazarette besucht und die Verwundeten pflegt. Es sind übrigens noch mehr anziehende Frauen hier, wie ich auf meinen rekognoszierenden Promenaden und namentlich gestern in einem Konzerte, das unsere Hoboisten gaben, bemerkte, wo ich die Bekanntschaft einer Gräfin Luckner machte, einer hübschen Wienerin, die erst seit sechs Monaten verheiratet ist; doch stelle ich die Apothekerfrau über die Gräfin, die, ohne Geist zu besitzen, sich mit allen jungen Offizieren einließ, denen ihre wienerische Freiheit sehr gefiel, während ich fand, daß diese Freiheit leere Manier war . . .

Lebe wohl!

Dein

B. v. L.

Aus den Tagebüchern

Von Hans Christian Andersen

Dienstag, der 30. Juli (1850)

Der Magistrat der Stadt Schleswig sagte, als du Plat den Befehl gab, den Dannebrog auf dem Schloß Gottorp zu hissen, daß sich in der ganzen Stadt keine dänische Flagge befände. – „Dann lassen Sie die Damen, die gewohnt sind, schleswig-holsteinische Fahnen zu nähen, eine dänische nähen. Die ist dann um 2 Uhr fertig, oder Sie selbst bekommen Prügel!" — Und schon war sie da!

Sonnabend, den 19. Juli (1851)
Reiste mit der Diligence von Flensburg um 8½ Uhr ab. Saß mit Viggo und einem Mann aus Odense zusammen. Bei Oberstolk, Idstedt, war die einzige Spur des Krieges: Häuser im Bau. An verschiedenen Stellen waren die Grassoden abgeschält. Kam nach Schleswig. Goldschmidt [der dänische Schriftsteller, d. Hrsg.] war dort und hatte genau gegenüber von uns ein Zimmer. Unten in der Gaststube sah ich einen Militär. Ich meinte, das müsse Helgesen sein. Ich fragte ihn. Er war es. Ich sagte ihm, wer ich war, und nun stellte er mir einen Leutnant Hansen vor, der mich zum Dannewerk [dän. Form Dannevirke, d. Hrsg.] führen sollte. Wir verabredeten eine Zeit, und zwar heute nachmittag um 4 Uhr. — Madame Esselbach kam mir herzlich und freundlich entgegen [Hotelbesitzerin in Schleswig, d. Hrsg.], sprach dänisch und deutsch, war sehr froh, mich hier zu sehen. — Schrieb für Goldschmidt einen Brief an Dickens. Ging mit Viggo zum Schloß. Wir trafen einen Leutnant Ingversen, der uns ins Schloß führte. Das ist ganz großartig und bietet eine herrliche Aussicht. Da war ein langer Gang mit Gemälden. — Bei der Table d'hôte bekam ich eine Dame an meine Seite. Ich sprach mit ihr über das Konzert. Und da war es die Violinistin Jungfer Hansen selbst. Goldschmidt unterhielt sich gut mit einer Frau Dumreicher aus Flensburg. Da waren mehrere Offiziere, die ich vom Aussehen kannte. Madame Esselbach war sehr herzlich und freundlich zu mir. Nach Tisch nahm ich einen Wagen. Capitain Hansen führte mich und Viggo. Wir fuhren zu den Orten Klein- und Groß-Dänischwohld. Kamen auf die Straße, wo Würtzen die beiden Kanonen eroberte. Wie große Erdwälle, an mehreren Stellen durchbrochen, erheben sich Thyras Wallanlagen. Wir waren in einer Redoute. Mitten drin war der Abstieg zur Pulverkammer. Korbschanzen rundherum und davor die Wolfsgräben mit Pfählen und Löchern. — Da waren ganze Barackenstädte. Jedes lange Haus hatte eine Vorstube. Ein langer Gang mitten hindurch. Und dorthin zeigten die Füße der Schlafenden, die hier Seite an Seite lagen. Die Offiziersbaracken hatten Fenster und Kachelöfen. In einer davon war im Augenblick Wache. Dort schenkte ich einem Soldaten Boisens Liederbuch. — Wir kamen auf einen beschützten Weg zwischen zwei Höhen und sahen zuletzt den höchst schroffen Teil zu jeder Seite der Straße nach Rendsburg. Fuhren durch Friedrichsberg und gingen zum Kirchhof, wo dä-

nische und deutsche Soldaten friedlich beieinander liegen. Dort gibt es eine Inschrift über den gefallenen Deutschen, die ziemlich stark gegen uns Dänen gerichtet ist. Das Grab besonders schön geschmückt. – Fuhr zu Helgesen, der sehr hübsch wohnt. Schillers Statue stand hier. Er war besonders freundlich und verbindlich, einfach und geradeaus, erinnerte mich in seinem Wesen an Thorvaldsen. In Flensburg fühlte ich mich fremd. Da war niemand, der sich meiner annahm. Hier ist Freundlichkeit, und ich bin in Schleswig wie zu Hause. – Als ich ins Hotel kam, war ich so müde, daß ich nicht mehr zur Stampfemühle fuhr, wohin mich Madame Esselbach gern haben wollte. Aber gegen zehn Uhr wurde ich doch in den großen Saal gebeten, wo Jungfer Hansen Geige und Klavier spielte. Bekam Erdbeeren und Wein. Etwas nach 11 Uhr war ich wieder auf meinem Zimmer, mußte aber bis ungefähr um eins auf Viggo warten. War ein wenig ärgerlich seinetwegen.

Sonntag, der 20. Juli (1851)
Ging zu Helgesen und sagte Lebewohl. *Der standhafte Zinnsoldat*, erzählte er mir, sei ihm ein liebes Märchen. – Fuhr mit Frau Dumreicher zum Dom. Die Gemeinde sang. Wir gingen zum Altar, der von Brüggemann geschnitzt ist. Ganz vortrefflich in den Proportionen, dem Verhältnis und der Zeichnung. Fuhr zu einer Buchhandlung, um meine *Märchen* zu bekommen. Aber die waren ausverkauft. Goldschmidt sagte Lebewohl.

Besuch im Prinzen-Palais

Von Ernst von Salomon

Und das Prinzen-Palais in Schleswig? Einst diente es den Prinzessinnen des Hauses Gottorp als Sitz, nun war der schöne Park wunderbar verwildert, das schlichte, schönlinige Palais umwittert vom Haut goût fürstlichen Verfalls. Wir besuchten es mit unserem Freunde Strohmeyer, von Kampen kommend; Strohmeyer besaß neben anderen vorzüglichen Eigenschaften einen Wagen, einen uralten DKW von der kleinsten Sorte. Das Verdeck war mit Leukoplast beklebt und der Kofferraum abgefault. Ille verbreitete mit Lust die Version, sie sei eine Napoleonidin, eine Nachkommin des Königs Jérome in Kassel, der ja seinen Samen weithin im Lande verstreute. Als auch Strohmeyer bekannte, daß er zur zahlreichen Nachkommenschaft des Königs gehörte, teilten sich die beiden als Prätendenten in den neu zu errichtenden Thron von Westfalen, Ille wurde als Königliche Hoheit und Regentin anerkannt, Herr Strohmeyer interessierte sich mehr für die Finanzen des Landes, indes ich mich völlig unfähig zu jedweder Verwaltungstätigkeit dünkte und den Posten eines Prinzgemahls durchaus als angemessen empfand. Wir fuhren beim Prinzenpalais vor, auf den Stufen stand ein freundlicher, greiser Mann. Strohmeyer öffnete den Wagenschlag und sagte, noch ganz in den Regeln des albernen Spiels: „Wollen Königliche Hoheit bitte zuerst aussteigen!“ Und Ille antwortete: „Aber gern, meine liebe Exzellenz!“ Der alte Herr auf der Treppe erbleichte, er versank in eine tiefe Verbeugung, dann eilte er mit zitternden Knien hinan. Mit fliegenden Händen deckte er den Tisch mit vergilbtem Damast, er zog, aufgeregte Entschuldigungen murmelnd, die Vorhänge vor und entzündete, am ganzen Körper bebend, die Kerzen eines dreiarmigen Leuchters. Nun blieben wir natürlich bei dem einmal eingeleiteten Spiel. Nie wurden wir so aufmerksam bedient, das Mahl wurde geradezu zelebriert (Rebhühner in Aspik mit glühheißen, goldig gebräunten, krach-frischen Kartoffelchips). Wir bebten vor dem Augenblick, da angesichts der verfaulten Karre draußen unser frecher Betrug offenbar werde. Aber der alte Herr, der uns mit dem Leuchter zur Auffahrt geleitete, – es war strahlend heller Mittag –, verneigte sich noch einmal in tiefinnerer Devotion und wir fuhren knatternd und stinkend davon, gewiß, daß sich der alte DKW für eine wehmütige Sekunde in eine goldene Staatskarosse mit acht Schimmeln verwandelt hatte.

Der Hirschhornbrunnen

– Eine Sage –

Vor langer, langer Zeit war die Gegend, wo jetzt der dritte Stadtteil von Schleswig, der Friedrichsberg, liegt, mit Gestrüpp und Holz dicht bewachsen und war menschenleer. Einige Hirten und Jäger sammelten sich jedoch nach und nach um eine Quelle mit schönem reinen Wasser, und es entstand ein Dorf. Eines Tages aber geschah das Unglück, daß die Quelle versiegte. Weit und breit war sie die einzige gewesen, und die armen Leute standen nun hilf- und ratlos da. Die Not war groß. Da ging ein Jäger bei Nachtzeit in den Wald, um Abhilfe zu schaffen, wenn er auch nicht wußte, wie er es machen sollte. Nach langem Suchen sah er ganz nahe einen weißen Hirsch mit goldenem Geweih. Schon legte er an, doch dann setzte er die Büchse voll Mitleid mit dem schönen Tiere ab und ging nach Hause. Am andern Morgen fand er das goldene Geweih bei der Quelle; den Hirsch aber hat niemand wiedergesehen. Jetzt konnte man den stattlichsten Brunnen bauen, der bis auf den heutigen Tag der Hirschhorn- oder der Hornbrunnen heißt und das schönste Wasser in ganz Friedrichsberg gibt, das früher auch heilkräftig war.

Der Eckensteher vom Friedrichsberg

Von C. N. Schnittger

Der Friedrichsberg hatte seine eigenen Eckensteher. Darunter war der hervorragendste Neumann. Neumann war ein Preuße, was wir damals noch nicht waren und war der einzige Eckensteher, der sich der hochdeutschen Sprache bediente. Von ihm kann ich nur folgendes Geschichtchen berichten: Ein Friedrichsberger Bürger giebt ihm den Auftrag, bei einem Kalkbrenner eine halbe Tonne Kalk zu holen, und er erhält auch einen Sack und das nöthige Geld. Aber der Weg ist sehr weit und der Schnapsläden sind viele. Doch, Neumann hält sich, Neumann will sich ernstlich halten. Da begegnet ihm einer seiner Sonnenbrüder und es entwickelt sich folgendes Gespräch: Dag Neumann, wo sast Du henn? – Ich soll nach Drümmer un Kalk holen für Herrn Carlsen. – Hest Du all En hatt hüt morgen? – Noch nicht, ich bin noch nüchtern. Na, denn komm in, wi willt erst en Lütten drinken, ick hef ok noch Ken hatt. – Ja, hast Du Geld? – Ne, Du hest ja wat. – Nein, ich hab nichts. – Du hest ja wat von Herrn Carlsen kregen. – Ja, dafür soll ich ja Kalk holen. – Ach, dat is man eben so vel, en par Köms könt darop af. Du nimmst so vel Kalk weniger. – Neumann schweigt, Neumann wird schwach, Neumann folgt. Bei dem nächsten Schnapsladen wiederholt sich dasselbe. Durch die Einwirkung des Branntweins wird die Wiederstandsfähigkeit immer geringer und als Neumann bei dem Kalkbrenner ankommt, hat er nur noch den Sack. Der Versuch, Kalk zu borgen, glückt ihm auch nicht, und so muß er sich auf den Heimweg machen. Unterdeß hatte der Friedrichsberger Bürger den ganzen Tag auf den Kalk gewartet. Endlich gegen Abend kommt Neumann an und hält ihm einen leeren Sack hin. – Wat is dat? – Ein Sack. – Awer, da is ja ken Kalk in. – Nein, Kalk is nich darin. – Wo is de denn blewen? – Es ist gar keiner drinnen gewesen. – Aber, wo geiht dat denn to? – Ja, Herr Carlsen, Sie müssen's mir nit übel nehmen, ich, ich bin Sie in schlechte Hände gerathen, das, das Geld is, is versoffen. – Nun wurde Herr Carlsen natürlich sehr böse und benannte Neumann nicht gerade mit den zartesten Ausdrücken. Neumann aber antwortete ganz gelassen: „Bester Herr Carlsen, ereifern Sie sich doch nicht, ich hätte ja auch noch den Sack versaufen können."

Friedrichsberger Schützenmarsch

Von Axeline Tellmann

Friedrichsberg in deinen Mauern
herrscht noch alter Schützenbrauch,
drei Jahrhundert überdauern
ist von der Ewigkeit ein Hauch.
Unser Ziel für alle Zeit:
Ordnung, Frohsinn, Einigkeit.

Herzog Friedrich, der war weise,
gründete die Bruderschaft,
weil Zusammenhalt im Kreise
gibt in Not stets neue Kraft.
Unser Ziel für alle Zeit:
Ordnung, Frohsinn, Einigkeit.

Schützenbrüder unverdrossen
hebt die Fahne in den Wind,
auf den Vogel wird geschossen,
bis die Stern' am Himmel sind.
Unser Ziel für alle Zeit:
Ordnung, Frohsinn, Einigkeit.

Schützenschwestern schön und lieblich
schmücken uns mit Rosen fein,
binden Grünes und sie stell'n sich
auf das Tanzen mit uns ein.
Unser Ziel, das ist und bleibt
Treue zu der Weiblichkeit.

Dreehunnertfiefuntwintig Johr

Von Willi Dohrn

Dreehunnertfiefuntwintig Johr
dat is een lange Tied vörwohr;
wer harr wohl von de Grünners glöwt
dat er Wark hüt noch gröönt un blöht.

De swarte Dod güng dormals um,
Vertwieflung in de Harten stunn,
keen Minsch waag dormals bi sien Leben
denn Annern letzte Ehr to geben.

De Minschen leegen in ehr Not
so ganz alleen, wenn kem de Dod;
keen Gräfnis wer vör se parat,
de Angst de leeg op Land un Stadt.

Dor funn' sick düchtge Börgerslüd
un seen: Kummt her, dat is sowiet,
lat uns tohop stahn, Mann för Mann
datt wi dat Unglück endlich bann'.

So ist′ geschehn, mit faste Hann
veel Gudes de Beleem hett dan,
wenn ook de Pest Vergangenheit
Friechsbargs Beleem ook hütt noch steiht.

Dreehunnertfiefuntwintig Johr
dat is een lange Tied vörwohr
Uns Spruch, de Kinner süllt em arben:
„In′t Leben bistahn und in′t Starben!"

Was ein wandernder Leinewebergeselle vor und in Schleswig erlebte (um 1810)

Von Benjamin Riedel

(Ich) begab mich nach Eckernförde, um von hier nach Schleswig zu reisen.
Auf der Landstraße zwischen den beiden letztgenannten Städten holte mich ein Wagen ein, auf dem ein zartes Junkerchen aus Schleswig mit einem Livreebedienten saß. Der Fuhrknecht bot mir einen Sitz auf dem Wagen an, welches mir Müden nur erwünscht sein konnte. Sogar die Halbschied seines geräumigen Mantels überließ mir der gutherzige Wagenlenker, als es eben zu regnen anfing.
Wir waren nicht weit gefahren, der Regenschauer war vorbei, als ein betretener Fußpfad da geradeaus ging, wo die Fahrstraße links abbog. Der kleine Edelknabe war des Sitzens und der Wagenstöße müde. Der über ihn die Aufsicht habende Bediente stieg mit ihm ab und beide gingen den Richtsteig, der, wie es hieß, weiterhin sich wieder mit dem Fahrzeug vereinige.
Der dieses Weges gänzlich unkundige Fuhrmann fuhr rasch mit mir fort. Der Abend nahte heran, und wir hatten im Dickicht eines Nadelgehölzes einen unrechten Weg gefaßt, deren sich hier viele nach allen Richtungen verteilten. Der Wald wurde immer dunkler und dichter, der Weg enger und wilder. Dem Knechte ward zum Sterben bange und mühsam arbeitete er sich durch die Rabennacht des Waldes hindurch.

Endlich kamen wir auf eine kahle, unbekannte Ebene, wo wir nur die Abendwolken mit rötlichen Streifen am westlichen Horizont unterscheiden konnten. Keine Stimme eines lebenden Wesens war zu vernehmen, als nur manchmal das Gekreisch und der Flügelschlag des über uns hinfliegenden Nachtgeflügels. Wir waren hier noch nicht lange in der Irre gefahren, als wir in einem Torfbruche dergestalt versanken, daß wir nicht rückwärts noch vorwärts konnten. In diesem mißlichen Zustande hatten wir mehrere Stunden unter allerhand Versuchen, wieder flott zu werden, zugebracht, bis es endlich dem Fuhrmann glückte, wieder trockenen Boden zu finden, ja sogar eine Art von Weg, den wir verfolgten, ohne zu wissen, wohin er uns führen würde. Endlich ersahen wir einen irrwischähnlichen Lichtschein, der uns bei völliger Annäherung in ein freudiges Erstaunen setzte. Denn das einzelne Haus, wo dieses Licht sich befand, lag nach der Versicherung des Knechts an der richtigen Straße, die nach Schleswig führte. Bei alledem war der Kerl in der bängsten Besorgnis wegen dem jungen Herrlein, bei dessen Vater er diente. Wir erreichten die Stadt. Bei der Vorstadt Friedrichsberg setzte er mich ab.
Wo sollte ich nun ein Obdach finden? Ich setzte mich auf eine Bank, den Nachtwächter zu erwarten. Der sichelförmige Mond erhellte mit blassem Silberschimmer nur sehr matt diese wasserreiche Gegend. Die Turmuhren schlugen eins, die Nachtwächter ließen sich hören. Einer von ihnen, den ich fragte, geleitete mich nach dem Hause der Schmiedeherberge, wo die Leute noch um den Tisch saßen und Zichorienwurzeln zerschnitten. Ich fand gute Aufnahme, aß mit dem besten Appetit ein Kohlgericht und legte mich in ein im zweiten Stock angewiesenes Bett, wo mich aber ein zahlloses Heer von Ratten und Mäusen beunruhigte, bis der Tag erwachte.
In dieser Stadt wurde damals mein Handwerk fast gar nicht betrieben.

Die Schleswiger Bahn

– Eine Sage –

Es mag um das Jahr 1840 gewesen sein, so erzählt ein alter Mann. Wir wohnten damals in dem Dorf Hüsby bei Schleswig und hatten eine Wiese in der Nähe des Schlosses Gottorp. Der Weg dahin führte durch das „Pulverholz", das nun verschwunden ist. An einem Sommertag fahren mein Vater und der Knecht nach der Mittagspause nach dieser Wiese. Als sie eben in die Hölzung gekommen sind, hört mein Vater dicht hinter sich ein ganz ungewöhnliches Geräusch, und als er sich umsieht, erblickt er einen dunklen Gegenstand, der zeigt unten Feuer und stößt nach oben Rauch aus, der in dichten Wolken emporsteigt. Er ruft nach dem Knecht, der ist eingeschlafen, und als er erwacht, ist nichts mehr zu sehen und zu hören. Nach Feierabend erzählte mein Vater von der merkwürdigen Erscheinung, und später pflegte er bei Besuchen oft davon zu sprechen. Er beschrieb dabei Richtung und Örtlichkeiten so genau, daß sich mir alles unvergeßlich einprägte. Als im Jahre 1869 die Schleswigsche Eisenbahn umgelegt und der Stadt näher gebracht wurde, kamen die Schienen da zu liegen, wo der dunkle Gegenstand entlang gezogen, und der Schleswiger Bahnhof da, wo die Erscheinung verschwunden war. Im Jahre 1840 wurde in jener Gegend an eine Eisenbahn nicht gedacht, und da Zeitungen kaum gelesen wurden, hatten die Leute nicht einmal eine Vorstellung von einer Bahn. –

Die Gottesmauer

Von Clemens Brentano

Draus bei Schleswig vor der Pforte
Wohnen armer Leute viel,
Ach des Feindes wilder Horde
Werden sie das erste Ziel.
Waffenstillstand ist gekündet
Dänen ziehen ab zur Nacht,
Russen, Schweden stark verbündet,
Brechen her mit wilder Macht.
Draus bei Schleswig steht vor allen
Weit ein Häuslein ausgesetzt.

Draus bei Schleswig in der Hütte
Singt ein frommes Mütterlein,
Herr, in deinen Schoß ich schütte
Alle meine Angst und Pein.
Doch ihr Enkel ohn' Vertrauen,
Zwanzigjährig neuster Zeit,
Hat den Bräutigam zu schauen
Seine Lampe nicht bereit.
Draus bei Schleswig in der Hütte
Singt ein frommes Mütterlein.

Eine Mauer um uns baue
Singt das fromme Mütterlein,
Daß dem Feinde vor uns graue
Hüll' in deine Burg uns ein.
Mutter, spricht der Weltgesinnte,
Eine Mauer uns ums Haus
Kriegt unmöglich so geschwinde
Euer lieber Gott heraus.
Eine Mauer um uns baue:
Singt das fromme Mütterlein.

Enkel fest ist mein Vertrauen,
Wenn's dem lieben Gott gefällt,
Kann er uns die Mauer bauen,
Was er will ist wohl bestellt.
Trommeln rommdidomm rings prasseln
Die Trompeten schmettern drein,
Rosse wiehern, Wagen rasseln,
Ach nun bricht der Feind herein,
Eine Mauer um uns baue
Singt das fromme Mütterlein.

Rings in alle Hütten brechen
Schwed' und Russe mit Geschrei,
Lärmen, fluchen, drängen, zechen.
Doch dies Haus ziehn sie vorbei.
Und der Enkel spricht in Sorgen
Mutter, uns verrät das Lied.
Aber sieh, das Heer vom Morgen
Bis zur Nacht vorüberzieht.
Eine Mauer um uns baue
Singt das fromme Mütterlein.

Und am Abend tobt der Winter
An das Fenster schlägt der Nord
Schließt den Laden, liebe Kinder,
Spricht die Alte und singt fort
Aber mit den Flocken fliegen
Vier Kosakenpulke an.
Rings in allen Hütten liegen
Sechzig, auch wohl achtzig Mann.
Eine Mauer um uns baue
Singt das fromme Mütterlein.

Bange Nacht voll Kriegsgetöse,
Wie es wiehert, brüllet, schwirrt,
Kantschuhhiebe, Kolbenstöße.
Weh, des Nachbars Fenster klirrt
Hurrah, Stupai, Boschkai, Kurba,
Vinu, Gleba, Biba, Rack
Schreit und flucht und plackt die Turba.
Erst am Morgen zieht der Pack.
Eine Mauer um uns baue
Singt das fromme Mütterlein.

Eine Mauer um uns baue
Singt sie fort die ganze Nacht.
Morgens ward es still, o schaue
Enkel, was der Nachbar macht!
Auf nach innen geht die Türe,
Nimmer käm' er sonst hinaus.
Daß er Gottes Allmacht spüre,
Lag der Schnee wohl mannshoch draus.
Eine Mauer um uns baue,
Sang das fromme Mütterlein!

Ja der Herr kann Mauern bauen.
Liebe fromme Mutter komm,
Gottes Mauer anzuschauen,
Sprach der Enkel und ward fromm.
Achtzehnhundertvierzehn war es,
Als der Herr die Mauer baut,
In der fünften Nacht des Jahres
Hat's dem Feind vor ihr gegraut.
Eine Mauer um uns baue.
Sing' ich mit dem Mütterlein.

Das Café Marienbad

Von Wolfram Eicke

Mir ist in diesem alten Haus
abseits der Straße,
an der Schlei,
als wäre ich zurückgetaucht
in eine ruhigere Zeit.

Beim still vergilbten Lampenlicht
an Tischen vor den Fenstern –
hier hört man noch,
wenn jemand spricht
von heute oder gestern.

Behagliche Gelassenheit,
serviert von alten Damen,
im Café-Literatenkreis
kennt jeder sich mit Namen.

Eine Gemeinschaft trifft sich hier,
kein Satzungs-Club-Verein.
Man lauscht, man denkt, man diskutiert
Literatur beim Wein.

Hier lesen uns Autoren
Bilder in die Ohren.

Haithabu

Haithabu

Von Jürgen Schwalm

Durch das Fenster sehe ich die Schlei.
Gegenlicht, Blendung.
Die Möwen kommen über das Wasser zurück; der Fluchtpunkt ihrer Bahn liegt bei Haithabu, der untergegangenen Stadt, und die Schiffe, die dorthin die Segel setzten, sind auch versunken. Aber ich habe sie noch gesehen in Gegenlicht und Blendung.
Viel früher war ich schon da, als das Eis zurückwich vom Nordseeland. Als ich Fischer war und mein Boot hatte, Harpunen und Fische. Ich hatte nur wenige Worte, aber mein einfaches Leben füllte diese Worte aus.
Ich sagte: Wasser –, Hunger –, Frau –;
ich sagte: heute –, morgen –, viele Tage.
Gab dir die Bernsteinkette, auf einen Lederstreifen gezogen:
sieben Kugeln, trüb, ungeschliffen, mein ganzer Besitz.
Ich starb, versank, lag verschollen im Bootsgrab. Du trugst dein Schicksal weiter mit meiner Kette. Dein Herz blieb in der Welt, dein Puls schlug weiter durch die Zeit, Jahrhunderte, die ich in der Tiefe blieb.
Bis die Möwen wieder über das Wasser zurückkommen, in Gegenlicht und Blendung.
Ich sehe durch das Fenster die Schlei.
Ich habe jetzt zu viele Worte und fülle sie nicht mehr mit Leben aus, war zu lange begraben.
Ich sage immer wieder: NIE.
Aber du stehst hinter mir, legst die Hände auf meine Schultern und antwortest lächelnd: IMMER.

Wie Erzbischof Rimbert eine Nonne befreite (um 870)

Als er einst in das Land der Dänen kam, sah er an einem Orte, wo er für die jüngstentstandene Christengemeinde eine Kirche erbaut hatte (der Ort hieß Sliaswich), eine Menge von Christengefangenen in Ketten einherschleppen. Unter diesen befand sich eine Nonne, welche, so wie sie ihn aus der Ferne erblickte, ihm, indem sie die Kniee beugte und wiederholt das Haupt neigte, sowohl ihre Ehrerbietung zu bezeigen, als ihn wegen ihrer Auslösung um Erbarmung anzuflehen schien. Auch begann sie, damit er sehen sollte, sie sei eine Christin, mit lauter Stimme Psalmen zu singen. Der Bischof, von Mitleid ergriffen, betete weinend zu Gott um Hülfe für sie. Infolge seines Gebetes zerriß sofort die Kette an ihrem Halse, womit sie gefesselt war. Daß sie jedoch nicht entfloh, verhinderten die sie haltenden Heiden mit Leichtigkeit. Darauf begann der heilige Bischof, von Angst und Liebe für sie bewegt, den sie hütenden Heiden verschiedene Gegenstände von Werth für sie anzubieten; sie aber wollten auf nichts eingehen, wenn er ihnen nicht sein Pferd abträte, auf dem er selbst ritt. Dessen weigerte er sich nicht, sondern er sprang sogleich aus dem Sattel, und gab es mit allem Zeuge und Gepäck, was er auf demselben liegen hatte, für die Gefangene hin, schenkte derselben auch, nachdem er sie losgekauft hatte, die Freiheit, und ließ sie gehen wohin sie wollte. So hinterließ er, wie gesagt, durch diese That ein doppeltes Denkmal des Ruhmes, da er sowohl kraft seines Gebetes eine Kette zerbrochen, als auch zugleich dieses außerordentliche Werk der Barmherzigkeit verrichtet hatte.

Dem Wikingerschiff auf der Spur

Von Uta Willms

Ich kenne einen, der fand mit bloßen Händen die Spur des Wikingerschiffes, das im Hafen der weltberühmten Wikingerstadt Haithabu vor vielen hundert Jahren versunken ist.
Und das ist seine Geschichte, wie er sie mir erzählt hat:

Als ich noch mit dem Ranzen auf dem Rücken jeden Tag zur Schule ging, war gerade erforscht worden, daß hier bei uns am Haddebyer Noor, zugedeckt von Wiesen und Weiden und begrenzt von einem halbkreisförmigen Wall, die Reste der Wikingerstadt Haithabu liegen. Und weil man wissen wollte, wie die Wikinger in dieser Stadt gelebt hatten, begannen einige Wissenschaftler und ihre Helfer, einen Teil der alten Stadt auszugraben. Jeder Tag brachte aufregende Entdeckungen. Ich konnte mir nichts Schöneres vorstellen, als mit meinen Eltern von Schleswig zum Haddebyer Noor zu wandern, um den Ausgräbern zuzusehen. Die Ausgrabungen dauerten viele Jahre. Und wir lernten, daß Haithabu nicht irgendeine kleine Wikingersiedlung gewesen war, sondern eine bedeutende Hafenstadt und ein wichtiger Handelsplatz. Die Wikinger waren mit ihren Schiffen von der Ostsee in die Schlei gesegelt und konnten in einem halben Tag den gegen alle Stürme geschützten Hafen am Haddebyer Noor erreichen. . . .

. . . Ich hatte inzwischen einen Beruf gelernt, eine liebe Frau gefunden, und unser Sohn war gerade ein paar Monate alt, als wir wieder einmal, wie schon so oft, zum Baden ans Haddebyer Noor fuhren. Unsere Badedecke breiteten wir in der Nähe des Walles aus. Von hier aus konnten wir durch das Schilf ins Wasser gelangen. Wir unterhielten uns über die Ausgrabungen und darüber, wie lohnend es wäre, sie fortzusetzen. Ich hatte nämlich herausgefunden, daß der Grund des Noores gleich nach dem Ufer tief abfällt und sehr schlammig ist. Aber an der Stelle, wo der Bach mündet, der mitten durch Haithabu fließt, ist eine Sandbank, die weit ins Noor hineinreicht. Mußte diese Sandbank, gerade in der Mitte der Uferseite von Haithabu, nicht ein idealer Ankerplatz für Wikingerschiffe gewesen sein? Hier hatten sie ihre Schiffe bequem an Land ziehen und entladen und beladen können. Und warum sollten die Pfahlreste nicht auf Anlegebrücken hindeuten? Warum sollten die Wikinger, die so hervorragende Schiffbauer gewesen sind, nicht auch Anlegebrücken ins Wasser gebaut haben? Und ich sagte: „Hier, um die Bachmündung herum, in dem Gebiet, das ich für den Hafen halte, liegen Unmengen von Dingen aus der Wikingerzeit auf dem Grund des Noores. Solche, die der Bach aus der Stadt gespült hat, Abfälle, die die Bewohner von den Anlegebrücken aus ins tiefe Wasser geworfen haben, und Dinge, die beim Entladen und Beladen der Schiffe unabsichtlich über Bord gefallen sind. Das Wasser hat sie konserviert, und sie sind alle gut erhalten. Ich glaube sogar, daß hier noch ein Wikingerschiff liegt! Kennst du einen Hafen auf der Erde, in dem nicht irgendwann einmal ein Schiff gesunken ist?"

Und dann lief ich durch das Schilf ins Noor und schwamm in die Nähe der Bachmündung. Ich stand bis zu den Knien im Wasser, bückte mich und tastete mit den Händen über den Grund. Ich faßte in den Schlamm und in den Sand hinein und grub die Hände tief in den Boden. Wenn ich etwas Festes fühlte, behielt ich es in der Hand und öffnete sie erst, wenn sie über der Wasseroberfläche war und ich erkennen konnte, was ich gefunden hatte.
Ein paar Tage später, als wir wieder im Noor badeten, grub ich eine Tonscherbe aus dem Sand, die ganz deutlich der Rand eines Tongefäßes aus der Wikingerzeit war. Von dem Augenblick an hielt mich kein Wetter mehr davon ab, im Haddebyer Noor zu forschen. Und ich brachte beinahe täglich einen neuen Fund mit nach Hause: angekohlte Holzstückchen, Knochen, Nußschalen, Teile einer Specksteinschale, Schleifsteine aus Schiefer, Bruchstücke von Mühlsteinen, eine Pfeilspitze, ein Bleigewicht, eine Bronzenadel, alles das, was ich hier in meiner Schatzkiste aufhebe.
Eines Tages hatte ich besonderes Glück. Ich war bis zu den Hüften ins Wasser gegangen und bohrte die Hände so tief in den Grund, wie ich reichen konnte. Dann ließ ich den Sand durch die Finger zurückfließen, und da blieben zwei kleine grüne Glasperlen auf meiner Handfläche liegen. Ich rührte mich keinen Millimeter vom Fleck, denn mir kam auf einmal der Gedanke, diese Perlen könnten zu einer Perlenkette gehören. Und wenn das wahr wäre, dann müßte sie an dieser Stelle liegen. Wo sollte ich jetzt die Perlen aufbewahren? Ans Ufer konnte ich sie nicht bringen, denn dann hätte ich die Stelle, an der ich sie gefunden hatte, verloren. Und in meiner Badehose war keine Tasche. Schließlich fiel mir nur ein sicherer Ort ein: mein Mund. Ich steckte sie also in den Mund und suchte weiter. Ich hob die Hände voll Sand und Schlamm unzählbar oft und fand die dritte kleine grüne Perle. Ich steckte sie zu den anderen und grub weiter. Immer wenn ich nicht mehr daran glauben wollte, ich könnte eine vollständige Kette finden, schimmerte eine grüne Perle zwischen den graubraunen Sandkörnchen in meiner Hand. Vor lauter Aufregung wusch ich sie nicht gründlich ab und fühlte im Mund den Sand und den Schlamm und das Schlammwasser, das aus den Mundwinkeln, am Kinn hinunter und dann den Hals entlang floß.
Nach langer Zeit, als ich den Mund kaum noch geschlossen halten konnte, weil ich so viele Perlen hineingesteckt hatte, und als sich wirklich keine mehr finden ließen, ging ich mühsam zum Ufer zurück. Meine Beine und Füße waren vor Kälte steif und gefühllos geworden. Ich suchte mein Taschentusch heraus, spuckte die Perlen hinein und

zählte sie: einhundertzwanzig wunderschöne grüne Glasperlen, sechs große und einhundertvierzehn kleine.
Aber von dem Wikingerschiff, das ich auf dem Grund des Noores vermutete, war keine Spur zu entdecken.
Eines Abends, als ich die Dinge, die ich am Nachmittag wieder mit den Händen aus dem Sand gegraben hatte, auf dem Tisch ausbreitete, um sie noch einmal in Ruhe zu betrachten, waren da vier kleine Gegenstände, jeder nur ein paar Zentimeter lang, von denen ich nicht wußte, was sie einmal bedeutet hatten. Ich nahm sie in die Hand, und sie wogen schwer im Verhältnis zu ihrer Größe. Seepocken waren auf ihnen gewachsen und versteckten unter sich die ursprüngliche Form dieser Dinge. Ich versuchte mit meinem Taschenmesser, die Seepocken von einem der Gegenstände abzukratzen. Ich stieß auf Metall. Und in dem Augenblick wußte ich, was ich in der Hand hielt: eine Schiffsniete! Mit solchen Eisennieten hatten die Wikinger die Schiffsplanken an den Spanten befestigt.
Weißt du, was das bedeutete? Ich hatte die Spur zu einem Wikingerschiff gefunden! Denn wo Eisennieten von einem Wikingerschiff liegen, kann doch wohl das Schiff nicht weit entfernt sein. Und wenn du wissen willst, wie das Schiff aussieht, das ein paar Schritte tiefer im Grund lag als die Nieten, dann mußt du zum Haddebyer Noor gehen.

Den Wikingern ein Museum

Von Erich Loest

Jetzt bekommen im nördlichsten Bundesland die Wikinger, auch Normannen genannt, ihr Museum. Halbzeit beim Schaffen: Die Hallen stehen im Rohbau dort, wo sich einst Nordmännerleben konzentrierte, einen Speerwurf nördlich der Wallanlagen, der Ausgrabungsstätte von Haithabu, einige Kilometer südlich von Schleswig. Hier kreuzten sich Verkehrswege: Kimbern und Teutonen waren nach Süden durchgezogen, die Wikinger scheuten den stürmischen Seeweg um Jütland und segelten lieber die Schlei hinauf, luden ihre Waren im stillen Gewässer des Haddebyer Noors auf Ochsenkarren und holperten mit ihnen über die Landenge zur Treene. Haithabu hieß das Zwischenlager,

vor tausend Jahren der bedeutendste Handelsplatz Nordeuropas. Es war der Eckpfeiler der Verteidigungslinie, die die Halbinsel durchtrennte, Dannewerk mit Margarethenwall, Thyraburg und Waldemarsmauer riegelten ab. Ein bis zu fünfzehn Meter hoher Wall umschloß den Siedlungsplatz, er bot Raum für Werkstätten, Unterkünfte, Vorratslager, Gräberfelder und Weide fürs liebe Vieh. Vors Ufer hatten die Wikinger Palisaden gerammt. Über all dem rauschten Wildgänse durch die Nacht mit schrillem Schrei nach Norden. So sang später der Grenadier E. L. – man kann den Text im Lieblingsliederbuch des Bundespräsidenten nachlesen.
Das Museum, einer Ansammlung wikingüblicher langer Häuser nachempfunden, wird bergen, was jetzt in verschiedenen Museen verstreut ist, als Glanzstück ein Schiff, aus dem Schlick gegraben. Vor ihm werden Schulklassen staunen: Damit segelten die Teufelskerle nach Amerika, lange vor Kolumbus. Natürlich wird man erfahren, daß die Normannen nicht nur Räuber waren, sondern auch Handelsmänner und Staatengründer, von Tunesien bis Kiew. Schließlich gingen sie zum Christentum über, auch nicht schlecht. Der Beschauer wird die Ausstellungsstücke anders auf sich wirken lassen als bislang, das Gefühl des Unmittelbaren, des Nachbarschaftlichen wird den Eindruck verstärken. Er wird durch die Umgebung streifen, massenhaft Eichen über und um sich, den Baum der Deutschen und ihrer Ahnen. Keine Deutsche-Mark-Münze ohne Eichenreis. Die Adler sind freilich auch in Haithabu längst ausgestorben.
Jetzt wird gebaggert und planiert: Wenn in Kürze die Besucher anströmen, brauchen sie Parkplätze, Klosetts, Imbißbuden und Kioske, an denen sie Prospekte und Ansichtskarten kaufen können, gewiß auch niedliche Plastik-Wikingerboote, gepreßt in Hongkong. Die Wanderwege werden dann besser ausgeschildert sein zum Runenstein, dem einzigen in Deutschland, der noch an seiner alten Stelle steht. Ein König setzte ihn einem Gefolgsmann, der hier den Tod fand. Am Königshügel erinnert ein Denkmal an neueres Gemetzel: 1864 hatte sich die dänische Armee hier verschanzt, die Österreicher stürmten unter blutigen Verlusten. Am Karberg ruhen die Toten des letzten Krieges. Über alles hin fegen die Düsenjäger vom nahen Flugfeld. So richtig friedlich ist es hier noch immer nicht.

Das Schloß Gottorf

Du Gottorff an den Hügeln

Aus einem Gedicht von Johann Rist

Und du, o schönes Schloß, du Gottorff an den Hügeln,
Das Fama hat gebracht auff seinen schnellen Flügeln
Bis gar in Persen-Land, der Höchste steh' dir bei,
Daß lauter Fried' und Ruh' in, umb und auff dir sei.

Ihr Städte, preiset GOtt, so viel in unsern Landen
Bey dieser Sicherheit und Frieden seyn verhanden,
Du Hamburg sonderlich, daß du durch Müh' und Macht
Den Handel biß so gar in China hast gebracht.

O Schleßwig, Husuim, Kiel, ihr Facklen der Holsaten,
Bedencket, wie im Fried' euch allen ist gerahten;
Du Renßburg, Itzehoe, du Crempe, die du fest
Von Wall und Wasser bist, Fried' ist eu'r allerbest.

Caspar Danckwerth über „Gottorp" und „Schleßwich" (1652)

Gottorp ist nunmehr ein wolerbaweter Orth / nicht alleine das Fürstlich Schloß und Vestung an Ihr selbsten / welche mit einem Walle / starcken Bollwercken und breiten Graben / oder vielmehr einem kleinen See / wie er dann der Borgsee genennet wird / wol verwahret und befästiget ist / wiewol sie nah herumb mit Bergen und Hügeln überhöhet wird / sondern auch wegen etlicher statlichen Häuser und Gebäwde; der geringen in grosser Anzahl zu geschweigen / so in kurtzen Jahren daselbst auffgeführet worden. Die Lage sampt der Stadt Schleßwich ist überaus schön / . . . / da finden sich Berge und Thal / das schöne sich krümmende Fischreiche Wasser die Schlie / gute lustige und nutzbare Holtzung nah vor dem Schloß und der Stadt; an schönen künstlichen Garten ist auch kein Mangel / welches alles zu Sommerzeiten die liebliche Waldvögelein / insonderheit die Nachtigalen / so im Schlosse / und in der Stadt hell und klar können gehöret werden / umb so viel anmutiger machen.

An Herzogen Friederichs zu Schleswig-Holstein Fürstl. Durchleuchtigkeit, aus Astrachan geschrieben

1638 September

Von Paul Fleming

Schau, edles Holstein, auf, erfreu' dich deiner Ehren
und hilf dir deinen Ruhm auch selbst durch dich vermehren,
indem dein Glück und Preis so hoch und schöne blüht,
daß ganz Europa nun auf dich alleine sieht!
Nicht nur um dieses zwar, daß, seit der harte Himmel,
von Sünden aufgereizt, ein blutiges Getümmel
auf unser Vaterland, das arme, hat erregt,
das achtzehn Jahre nun auf eine Stelle schlägt
und noch nicht höret auf, – du einigs aller Landen
in Alemannien bist unverrückt bestanden,
so ganz, daß, da die Glut die nächsten Nachbarn fraß
und nun der wilde Brand dir auf der Achseln saß,
dich doch kein Schade traf. Wie wenn das Wetter blitzet
und auf den dicken Wald viel' Donnerkeile sprützet,
die steinern' Eiche spält, der Fichten Kraft zerbricht:
blos an den Lorbeerbaum wagt sich kein Donner nicht.
So steht ein hoher Fels, läßt die erbosten Wellen
an seiner starken Brust umbsonst zurücke brällen;

der Zorn der Flut kehrt umb, und, weil er mehr nicht kan,
so schäumt, so brennet er und fällt sich selbsten an.
Umb dieses zu voraus, daß Fama steigt zu Wagen,
dein unerhörtes Lob der Erden anzusagen;
sie schreit den Völkern zu: Wenn, ruft sie, ists geschehn,
daß man wol Persien in Holstein hat gesehn,
als wie es itzund kömt? Das seltzame Gerüchte
erschallet durch und durch. Der deutschen Welt Gesichte
folgt dieser Zeitung nach, schaut, wo denn wir noch sein,
und zeucht auf einen Tag mit uns zu Gottorf ein . . .

Eintreffen des Generalsuperintendenten Paulus von Eitzen in Schleswig

Von Stefan Heym

Und wie er die Reise fortsetzt und nächsten Tags der Stadt Schleswig naht, sieht er auch viel Kriegsvolk gelagert entlang der Schlei oder am Tor der Stadt und in den Gassen lungernd, das ganze Regiment Pufendorf, aber auch dänische Hellebardiers, ausgehoben für den Feldzug; diese sind mürrisch und maulen, wären wohl lieber zu Haus geblieben bei ihrem Viehzeug, statt im fernen Flandern ihr Blut zu verspritzen. Vor des Herzogs Schloß Gottorp aber drängt sich alles, und im Schloßhof ist ein Hin und Her, Räte und Offiziere, Diener, Schreiber, Lieferanten, stoßen einander beiseite, rufen und kommandieren; um ihn aber, den Superintendenten Paulum von Eitzen, der zögernd aus seiner Kutsche aussteigt, kümmert sich keiner.
Bis er ein Lachen hört, das ihm bekannt klingt; und wie er sich umdreht, steht da sein Freund Hans. Der Freund ist höchst vornehm gekleidet, trägt einen Kurzdegen an kostbarem Gehenk, und ist jetzt, wie Eitzen bald erfährt, der Geheime Herzogliche Rat Johann Leuchtentrager; ist auch um etliches älter geworden, Bärtchen und Schläfen ergraut; aber wer von uns altert nicht, denkt Eitzen, auch er ist nicht mehr der junge Spund, der dem sonderbaren Fremdling damals im *Schwanen* zu Leipzig begegnete. Und es friert ihn ein wenig, obwohl's

noch warm ist im Schloßhof von der späten Sonne, und er zuckt zusammen, da der Leuchtentrager ihn anrührt mit seinen trockenen Fingern und ihm sagt, Herzogliche Gnaden hätten schon dringlich gewartet auf ihn. Im übrigen, sagt er, sei alles zu seiner Bequemlichkeit bereitet in einer der Kammern.

Aus dem Reisetagebuch des Generals Miranda (1788)

Um 13.00 Uhr betrat ich das Haus des Fürsten von Hessen, der mich überaus freundlich und liebenswürdig in seinem Studierzimmer empfing. Wir unterhielten uns mehr als eine Stunde über interessante Themen.
Danach, so gegen 14.00 Uhr, betrat ich die Gemächer der Fürstin, der ich von dem General Koeppern vorgestellt wurde, ebenso wie den jungen Prinzen und Prinzessinnen (die älteste, annähernd 17 Jahre jung, ist hübsch) . . . Nach dem Kaffee – um 16.30 Uhr – beschlossen der General Koeppern und ich, uns den Palast anzusehen, dessen Fassade von einer modernen und guten Architektur ist.
(Es folgt eine kurze Beschreibung einzelner Gemälde, die sich in den Palasträumen befinden.)
Von den hohen Fenstern besagten Palastes hatten wir einen der schönsten Ausblicke, den man auf der ganzen Welt finden kann.
Gegen 18.00 Uhr zog ich mich zurück, um ein Mädchen aufzusuchen, das mich erwartete. Diese gerissene Person forderte nur, daß ich mit ihr schlafe. Sie wollte mich sogar dazu bringen, es mit dem Hausmädchen zu treiben, was ich aber nicht wollte. Und so verabschiedete ich mich, indem ich ihr 2 Mark anstelle der 2 Reichstaler gab, die sie als Bezahlung für das „Bumsen“ verlangte. Gaunerinnen!
Um 19.30 Uhr kehrte ich zum Palast zurück. Dort traf ich eine große Gesellschaft an, die Karten spielte, nur der Fürst beteiligte sich nicht. Er kam auf mich zu, und wir unterhielten uns auf Englisch über Amerika sowie über politische Angelegenheiten von Bedeutung.

(Aus dem Spanischen von Holger Feuersenger)

Der Gottorper Hof ist voller Merkwürdigkeiten

Von Irene Tetzlaff

Während die Bürger von Schleswig das Gerücht von der Ankunft eines märchenhaften Orientalen reihum tragen, halten der Gast, der Landgraf und der Graf ihre erste gemeinsame Unterredung im Schlößchen ‚Amalienborg' ab. In einem mit sechs Schimmeln bespannten Wagen ist Cagliostro von Rendsburg her angekommen. Zahlreiche Diener befinden sich in seinem Troß. Prunk und Glanz umgibt die Gesellschaft, die sich aus Menschen vieler Länder zusammensetzt.

Eines Abends lädt Cagliostro den Hof zu einem spiritistischen Experiment im Park am Weiher. Die Sterne und der Mond sind aufgegangen. Vom Schloß her bewegt sich ein Zug von mehr als fünfzig Personen, voran blinkt die goldene Sänfte der königlichen Prinzessin Louise. Die junge Dame, die der Mystik nur ein geringschätziges Lächeln schenkte und durchaus fremd in den okkulten Lehren ist, soll heute von dem Bestehen der Wunderdinge zwischen Himmel und Erde überzeugt werden. Als der Zug vor der Sandsteinaltane aufbrach, lachte sie über das, was am Schloßteich geschehen würde. Nun aber, da sich die Sänfte dem düsteren Teil des Parkes nähert, verspürt die Landgräfin zunehmendes Herzklopfen.

Saint Germain-Welldone, der dem ‚Zauberer' assistieren wird, hat sein Haupt in ein schwarzes Seidentuch gehüllt. Im schwarzen Mantel, wie ihn einst Doktor Faustus getragen, steht der Graf, das Gesicht nach Osten gekehrt, schweigend am Ufer des Teiches. Das leise Klikken der Sänftentür läßt ihn aus seiner Andacht erwachen. Noch flakkern die Kerzen in den Windlämpchen. Noch raunt und klappert es in der Menge der Hofleute. Nun aber, da Carl von Hessen den Platz zwischen Welldone und Cagliostro eingenommen hat, verstummen die leisen Geräusche. Die Windlaternen verlöschen. Es ist plötzlich tiefste Dunkelheit und Stille. Kein Lüftchen regt sich. Gespenstisch schimmern die weißen Birkenstämme zwischen den hohen Erlen.

Da – ein bläulicher Schein. Eine sich langsam, dann schnell und schneller bewegende Spirale über dem Wasserspiegel . . . Nebel . . . wallende Schleiergebilde . . . werden Form . . . Gestalt. Eine Mitra auf dem Haupt, die Geierhaube ägyptischer Königinnen, an den Füßen goldene Sandalen mit Spangen und Schnüren, von den Schultern fällt

ein antikes Gewand, eine Tunika, besetzt mit Edelsteinen, so schwebt über dem Weiher eine seltsame Frau. Ihr weißes Antlitz ähnelt dem der Pharaonin Kleopatra. Lotos – Vipern – am Busen, am Halse. Eine Schlange züngelt hoch . . . Mit lähmendem Entsetzen schauen die Höflinge auf das Bild. Starr blickt die Landgräfin Louise auf die Erscheinung aus einer andern, einer jenseitigen Welt.
Das ist sie, die einstige Beherrscherin der beiden Nilreiche, das ist Kleopatra, die sich dem großen Cäsar hingab, um den Samen des Abendlandes als Frucht des Morgenlandes reifen zu lassen. Ja, das ist die Königin, die der Göttin Isis und Hathor mit dem Horusknaben diente und deren Tempel neugestalten ließ!
Saint Germain sieht als Hellsichtiger jedoch im Antlitz der Kleopatra ein zweites Gesicht: Julietta. Deutlich erkennt er ihre Züge, ihren Mund, ihr rätselhaftes Lächeln. Sanft zerfließt das Bild wieder . . . Noch wallen durchsichtige Nebel, bis sie im unsicheren Hin und Her vergehen . . . Bläulicher Schein über der Stelle, auf der bis vorhin die Erscheinung schwebte. Und nun nichts mehr, nur tiefdunkle Nacht und Schweigsamkeit. Mond und Sterne verbergen sich hinter Wolken. Überall tiefstes Schweigen . . .
Die Stille dauert an. Wie gebannt sind die Zuschauer dieses einzigartigen Experiments. Nur zögernd räuspern sich einige alte Hofdamen. Langsam kommt Leben in die Gesellschaft. Prinzessin Louise atmet erleichtert auf, als die Windlaternen wieder aufleuchten und ihre Sänfte zum Schloß zurückgetragen wird. Mit bleichem Gesicht sucht sie ihre Gemächer auf, während der Graf und Balsamo Cagliostro noch lange vom Übersinnlichen reden. Aber Cagliostro ahnt nicht, daß nicht er, sondern sein ‚Assistent' das Phantom herbeigerufen hat.
Der Gottorper Hof ist voller Merkwürdigkeiten, die Residenz des Landes Schleswig-Holstein angefüllt mit Schauergeschichten, die in Verbindung mit dem unheimlichen Grafen Cagliostro stehen.

Ein ganz anderes Gottorf (um 1855)

Von Dr. H. . .

Emsige Hände sind rings um das alte Schloß beschäftigt. Hacke, Spaten, Axt und Hammer klingen vom Morgen bis Abend; Bauten werden der Erde gleich gemacht, andere erheben sich, und die Wälle, die den Steinwürfen und Kanonenkugeln Trotz geboten, verschwinden immer mehr und versinken in die schilfbewachsenen Gräben. Aber unter dem grünen Rasen, unter den blühenden Gärten tief in der Erde trotzen mächtige Gewölbe der Kraft der Arbeiter; nur langsam, nur schwer lösen die Steine sich von einander, und wenn die Mauern endlich nachgeben, wenn die Arbeiter jubeln und ungeheure Massen einstürzen, dann seufzt es in der Tiefe, und dumpfes Dröhnen rollt unter der Erde hin. Wiederum erheben sich eine Reihe Gewölbe, noch tiefer, als die ersten; wiederum müssen die Arbeiter die erschlafften Muskeln anspannen, um Das zu vernichten, was die Vorfahren für die Ewigkeit zu bauen wähnten und an welchem der Zahn der Zeit Jahrhunderte hindurch vergeblich nagte. Welches Werk sind nicht diese Mauern! Stein ist mit Stein verwachsen; die Feuchtigkeit, welche durch die Decke sickert, bildet Guirlanden von Tropfstein, die zum ersten Male von dem hereinbrechenden Tageslicht beschienen werden. Die altersschwere Luft begegnet dem frischen Sommerwind, und die Kröte kriecht träge auf ihrem Schutthaufen umher, erstaunt, in ihrer noch nie unterbrochenen Ruhe gestört zu werden. Wozu haben diese tiefen, feuchten Höhlen gedient? Sind sie Gefängnisse gewesen? Wessen sind die Gebeine, welche der Arbeiter gedankenlos mit großen Knochen und krummen Eberzähnen zu einem Haufen zusammenwirft? Für wenige Schillinge verkauft er vielleicht die Ueberreste des stolzesten Ritters, der hier den Hungerstod erlitt, während der Herrscher dort oben in lucullischen Mahlzeiten schwelgte, – und der Bauer streut seinen Patentdünger mit gleicher Miene aus, möge er von Menschengebeinen oder Thierknochen gemahlen sein. – – Die Mittagsglocke läutet. Die Arbeit wird eingestellt, und kleine trauliche Familienscenen werden zwischen den eingestürzten Gewölben und Schutthaufen, oder im Schatten vereinzelten von der Axt noch verschonten Gebüsches aufgeführt. Die Frauen bringen ihren Männern das Mittagsmahl, die Kinder statten dem Vater einen Besuch ab. Dort ist die ganze Familie um den thönernen Krug versammelt und läßt sich das Essen schmecken; hier sitzt eine andere Gruppe: der Teller ruht auf dem Knie des Mannes und er läßt der Suppe Gerechtigkeit wider-

fahren, die Frau sieht ihm zu und betastet dann und wann die Kaffeekanne, die sie auf dem Schoose hält, ob sie auch warm bleibt unter der Schürze. Die Kinder springen umher und spielen mit den Geräthschaften des Vaters; ihnen ist es eine Freude, die schwere Hacke zu schwingen, aber an dem glühenden Antlitz und den durchnäßten Hemdärmeln des Vaters sieht man es wohl, daß es ihm keine leichte Arbeit ist, sich und den Seinen das Brot zu erwerben. Dort etwas abseits in einer Vertiefung des Walles sitzt ein greiser Mann, ein ärmlich gekleidetes Mädchen liegt neben ihm und hält ihm ein blaucarrirtes Tuch hin, in welchem einige Schnitte grobes Brot sich befinden. Es ist eine dürftige Mahlzeit, allein sie verschwindet schnell, und nur ganz kleine Stücke bleiben für den Hund übrig, der vor ihnen sitzt und zuschaut. Weshalb sie wohl diesen entfernten Platz gewählt haben? Ist denn die Armuth eine Schande, daß selbst unter den Armen der Aermere sich scheut, die Andern einen Blick in seine Lage werfen zu lassen? — — Aufs Neue klingt der Spaten, der Boden dröhnt unter dem herabstürzenden Gemäuer, und die Axt pfeift, indem sie die Balken zu den neuen Gebäuden behaut, die sich auf der Stätte der alten erheben sollen. Drüben an der Kalkgrube steigt ein dichter Dampf empor, es siedet und spritzt, wenn die Maurer den Kalk umrühren, der gelöscht wird. Hier werden eine Reihe Schubkarren eine bretterbelegte Bahn entlang gefahren, dort werden Mauersteine aufgeschichtet, hier wird ab-, dort aufgeladen, überall ist Leben, überall Thätigkeit — stumm blickt das unbewohnte Schloß auf die emsigen Menschen herab, die vom Morgen bis zum Abend um dasselbe herum ihr Wesen treiben. Allein wenn die Sonne sinkt, wenn die Abendröthe über dem Wasserspiegel zwischen dem Schilfrohr im Burggraben dahin gleitet und der Buchenwald des „Thiergartens" sich gegen den umwölkten Himmel in dunklen Umrissen abschattet, dann verliert sich der Lärm, dann tritt Stille ein, und man vernimmt nur die regelmäßigen Tritte der Schildwache, die auf und ab an der Brücke zur Schloßinsel schreitet.
Mit der eintretenden Dunkelheit ist die Scene plötzlich verändert. Der volle Mond hängt an dem blauen sternenhellen Septemberhimmel und verleiht der Gegend jenen traumhaften Schein, welcher den herbstlichen Nächten des Norden eigen ist. Der Nebel zieht über See und Wiese, Land und Wasser verschmelzen gleich Traum und Wirklichkeit in der Phantasie des Schlummernden, und die Springquelle, die vorher von dem Lärm übertäubt wurde, spricht jetzt laut in der nächtlichen Stille, und plätschert in dem Granitbassin des kleinen Schloßhofs. Drinnen ist es finster und schaurig. In unbestimmten Umrissen treten die Thürme und Ausbauten aus dem Gemäuer her-

aus, und nur in dem Winkel zur Rechten fällt der Mondschein schräg auf das Dach, beleuchtet die langen weißen Schornsteine und die spitzen Giebel des nördlichen Flügels und gleitet über die Säulen und das durchbrochene Gitterwerk des Söllers hinab, dessen Schattenbild er auf der weißbestrahlten Mauer hinter demselben wiedergiebt. Aber draußen wirft der Vollmond sein klares Licht über die mächtige neue Façade gegen Süden, die Fensterscheiben funkeln, als sei drinnen in den hohen Sälen ein Fest, und dieser Theil des Schlosses tritt in scharfen Umrissen hervor, während der alte Theil im Schatten verhüllt liegt, und hier und da nur einen Strebepfeiler weiß und gespensterhaft hervorspringen läßt, damit die Finsterniß sich doppelt schaurig in den Winkeln dahinter lagert.

Und es plätschert immer fort im Bassin. Es ist, als hätten die Wellen sich tausend Dinge in der stillen Mitternacht zu erzählen. Sie wissen, daß nur die steinernen Löwen mit den Wappenschildern in ihren Klauen und vielleicht ein einsamer Wanderer, der sich auf dem Rückwege nach der Heimat verspätet hat und nun auf dem umherliegenden Bauholz sitzt und in die schöne Nacht hinausschaut, ihrer Rede lauschen . . .

Anekdoten von den Schleswiger Husaren

Husar Müller

Bei den Schleswiger Husaren wohnte der Brigadekommandeur Oberst B. der Besichtigung im Einzelreiten bei. Der Rittmeister Graf K., dessen Schwadron besichtigt wurde, war ein sehr tüchtiger Offizier, hatte aber ein schlechtes Namensgedächtnis.

Plötzlich befiehlt der Oberst: „Lassen Sie den dritten Mann von der Spitze mal in die Bahn reiten!"

Graf K. kennt zwar den Mann recht gut, weiß von dessen Fähigkeiten, kommt aber nicht auf seinen Namen. So ruft er kurzerhand: „Müller, in die Bahn reiten!"

Natürlich rührt sich kein Mensch, obwohl nun Graf K. bereits zum zweiten Male ruft. Der Oberst wird langsam ungeduldig: „Aber bitte,

Herr Rittmeister, nun lassen Sie den Mann doch endlich herkommen!"

Der Graf ruft in seiner Verzweiflung ein drittes Mal, nun erheblich lauter – und siehe da, von der Spitze der Abteilung löst sich ein Husar und nähert sich. Der Oberst fragt ihn mit leicht bewölkter Stirn: „Heißen Sie Müller?"

Der Husar, ein prächtiger Holsteiner Bursche mit einem herrlich offenen Gesicht, erwidert treuherzig: „Nein, Herr Oberst, aber ich konnt' doch den Herrn Rittmeister nicht 'reinfallen lassen!"

Lauter lahme Pferde

Im Stall der fünften Schwadron der Schleswiger Husaren. Ein köstlicher Duft aus Pferd, Leder und Mist sättigt die Luft.

Die Rekruten sind in der Stallgasse angetreten und hören den Belehrungen des Futtermeisters zu. „Ein für allemal, merkt euch das. Bevor ihr in einen Stand tretet, ruft ihr den Gaul von hinten an. Wenn ihr das nämlich nicht macht, erschrickt der Gaul, keilt hinten aus und schlägt euch vor euern Dickschädel. Und das Ende vom Lied: wir haben lauter lahme Pferde in der Schwadron."

Der Koffer des Regimentskommandeurs

Oberst v. Schmidt war der erste Regimentskommandeur der 16er Husaren in Schleswig, ein äußerst eifriger Mann, der stets sehr früh in der Reitbahn anzutreffen war.

Auch am Tage des Ausrückens ins Feld im Juli 1870 war er einer der ersten im Kasernenbereich. Der Eisenbahnzug stand schon zur Abfahrt bereit, und seiner Frau hatte der Oberst sagen lassen, sie möge doch seinen Koffer packen.

Im letzten Augenblick kommt der Regimentskommandeur noch einmal nach Hause und sieht dort noch seinen Koffer stehen. Einer gerade anwesenden Ordonnanz befiehlt er: „Bringen Sie sofort den Koffer zur Bahn, ich komme gleich nach!" Der Husar trollt sich mit dem Koffer davon.

Die Frau begleitet den Oberst zum Bahnhof, doch weder der Koffer noch die Ordonnanz ist zu sehen. Die Zeit drängt, und so gibt der

Oberst nach langem Zögern schließlich die Einwilligung abzufahren – ohne Koffer.
Seine Frau kehrt in die Wohnung zurück, sie fragt nach der Ordonnanz, nach dem Koffer – doch beide bleiben verschwunden. Nach Stunden, am späten Nachmittag, trifft ein Unteroffizier die Ordonnanz auf der Reitbahn. Der Husar entschuldigte sich später mit den Worten: „Der Herr Oberst hat doch befohlen, den Koffer zur Bahn zu bringen, und sonst war er doch auch immer einer der ersten in der Reitbahn!"

Im Gottorf-Museum

Ein Verein macht an einem Sonntag von Husum aus eine Autobusfahrt nach Schleswig und besichtigt dort auch das berühmte vor- und frühgeschichtliche Museum.
Als man vor der in einem Glaskasten verwahrten Moorleiche steht, sagt ein altes Mütterchen: „Wenn man dies hier sieht, fühlt man sich ordentlich wieder jung!"

Vorgeschichtlicher Schmuck

Im Gottorf-Museum in Schleswig sind viele Schmuckstücke aus vor- und frühgeschichtlicher Zeit zu sehen. Sie sind in flachen Glaskästen auf Samtunterlagen ausgelegt. Der Reiseführer weist auf das Alter des Schmuckes hin.
Da sagt eine Frau aus der Besucherschar: „Es ist wirklich ganz erstaunlich, daß die Leute in jener Zeit schon ein solches Samt herstellen konnten!"

Vor dem Nydamboot

Von Paul Fulbrecht

Schleswig

Idee, die in Fernen trug,
kühner Gedanke,
noch eh man die Eichen schlug
für Steven und Planke.

Idee, für Siege gedacht
furchtloser Krieger,
für Fahrten durch Sturm und Nacht –
wer war hier der Sieger?

Was trieb dich ins dunkle Moor?
Hob dich die Welle
turmhoher Springflut empor,
daß Hochmut zerschelle?

Wille, wie lang ist die Zeit
bis zum Vollenden?
Sekunden der Ewigkeit
können alles wenden!

Idee, die nach Fernen stieß,
doch im Begehrten
nicht landete. Ich ließ
vom Schmerz des Verwehrten.

Besuch bei den Moorleichen

Von Helga Riedel

„Also los“, sagte er und zog seinen Bruder an den Beinen, „willst du denn die Moorleichen gar nicht mehr sehen?“
Sie verließen das Schloß und gingen hinüber zur Nydamhalle, die ei-

gens für die zahlreichen Funde in den Mooren Schleswig-Holsteins und zum Teil Dänemarks eingerichtet worden war. Und hier waren sie, all die herrlichen Dinge, die Till an seinem Stückchen Strand zu finden hoffte, obwohl er von den meisten bisher niemals eine so konkrete Vorstellung besessen hatte: Stoßlanzen, Wurfspeere, Schilde, Pfeil und Bogen, Äxte, Schnallen, Beschläge für Gürtel und Wehrgehänge, Schwertscheiden, Schmuck von Pferdegeschirren, römische Münzen . . . Er wußte gar nicht, wo er zuerst hinsehen sollte, und hüpfte wieder wie ein Gummiball, bis Meikel ihn bei der Hand nahm und System in die Besichtigung brachte.

Die Moorleichen waren in einem verhältnismäßig kleinen, fensterlosen Raum untergebracht, zu dem einige Stufen hinunterführten. Freda, die zum letztenmal während ihrer Schulzeit hier gewesen war, hatte schon damals diesen Raum nicht betreten wollen und auch nicht diese Art von Neugier ihrer Klassenkameraden verstanden gegenüber Tod, Gewalt und Schrecken.

„Aber diese Dinge gehören zu unserer Welt, Freda“, sagte Rosenfeld sanft, „seit ihrem Bestehen.“

„Ich will nichts davon wissen“, erwiderte Freda fast heftig. Aber nun redete man zu dritt auf sie ein in einer Weise, daß sie schließlich nachgab, weil sie sich sonst dem älteren Mann und den Kindern gegenüber wie eine dumme Gans vorgekommen wäre.

Der Raum war so künstlich gedämpft beleuchtet wie ein Haus für exotische Nachttiere in einem Zoo, und die verglasten Nischen waren entsprechend wie Aquarien in die Wand eingelassen, die Bodenflächen mit einer feinkörnigen dunklen Substanz bedeckt, die das Moor darstellen sollte und mit der Teile der Leichen stellenweise fast zugeschüttet waren. Jede hatte ihre eigene Vitrine und war genauso hingelegt, wie sie gefunden worden war, doch hatten die Toten bei ihrer Bestattung oder „Beseitigung“ unterschiedliche Behandlung erfahren, obwohl sie fast ausnahmslos Opfer von Mord oder Hinrichtung waren, und auch das Moor hatte in zwei Jahrtausenden ungleich auf sie eingewirkt.

Bei einem Toten waren die Knochen völlig aufgelöst, dafür die Haut jedoch vollständig erhalten, die wie eine schwarze Lederhülle mit den Umrissen eines Körpers in der Vitrine lag, von roten Haaren gekrönt, ohne Gesicht oder Schädel, während eine andere Leiche auch den ledernen Kopf noch aufwies, ein in Fetzen erhaltener Wollmantel bedeckte gerade noch die Lenden. In einem weiteren Schaukasten dagegen lag ein Knochengerüst, ein fast vollständig erhaltenes männliches Skelett, nur an wenigen Stellen waren auch Teile der Haut vom Moor konserviert worden; Kopf und rechte Hand fehlten und waren dem

Toten vor der Niederlegung im Moor offensichtlich abgeschlagen worden; um das linke Fußgelenk war ein Wollfaden geschlungen und geknotet. Auch der Mann mit dem ledernen Kopf trug eine Fußknöchelbinde. Einem anderen Toten hatte man vor der Vergrabung im Moor die Beinknochen gewaltsam gebrochen und den Kopf abgeschlagen; Haupt und Rumpf wurden drei Meter voneinander entfernt in wassergefüllten Vertiefungen auf der Mooroberfläche niedergelegt und mit armdicken Knüppeln befestigt.

„Die Zertrümmerung der Knochen, die Enthauptung und die Befestigung der Leichenteile im Moor werden als Abwehrmaßnahmen gegen besonders gefährliche Missetäter gedeutet, da man fürchtete, sie würden als ‚Wiedergänger' auftauchen."

Freda hörte, wie Meikel oder Rosenfeld dem kleinen Till diese und andere Erläuterungen vorlasen, aber sie blieb stumm und allein in ihrem Entsetzen und in ihrer Ergriffenheit.

Wie hatten ihre Vorfahren, auf die sie in den anderen Räumen des Museums so stolz gewesen war dem Gast gegenüber, solche Dinge tun können . . .

Warum im Moor, fragte sich Freda, es hat diese Toten ja doch nur für ein wenn auch spätes Wiedergängertum bewahrt, das unsere Vorfahren so fürchteten. Nun sind sie also wieder da, aufgebahrt und zur Schau gestellt in diesen gläsernen Kästen, und werden niemals wirklich sterben können und Ruhe finden. Ob wenigstens des Nachts das Licht gelöscht wird? Am stärksten berührte Freda eine sehr junge weibliche Moorleiche, der man das Kopfhaar zur Hälfte abgeschnitten hatte; der eine Arm lag angewinkelt über dem Kopf, als habe er vor etwas Schutz bieten sollen; die Augen waren mit einer geflochtenen Binde verbunden.

Ohne sich nach den Kindern umzusehen, verließ Freda den Raum, der ihr plötzlich wie eine Gruftkammer erschien, durchquerte die Halle und trat aufatmend hinaus ins Freie. Es mußte inzwischen geregnet haben, der Schloßplatz war dunkel vor Nässe, und auf den Windschutzscheiben der parkenden Autos perlten Tropfen.

Als die Kinder kamen, war Freda froh, daß auch sie still geworden waren und die Tränen in ihren Augen kommentarlos übergingen. Rosenfeld faßte sie behutsam am Arm, um sie von der Nydamhalle fortzuführen, und Freda sagte hilflos:

„Es ist so . . ." Es fehlte ihr das Wort, das hätte beschreiben können, was sie fühlte, und so wählte sie schließlich eins, dessen genaue Bedeutung sie nicht kannte, das auszusprechen sie aber auf jeden Fall erleichterte: „. . . so obszön. Auch diese Toten haben das Recht auf ein Grab und den ewigen Frieden." . . . .

Der St. Petri-Dom zu Schleswig

„Un de Dom . . . is dat Best"

Aus dem Wanderlied des Schuhmachergesellen

. . .
Un bi Sleswig keem ik ok vörbi,
liggt dor lingelangs an de Slie,
is een ganz verdammt leeges Nest,
un de Dom, seggt he, is dat Best.
. . .

Pfingsten im Schleswiger Dom

Von J. Hans Richter

Lichtflut
aus hohen Fensternischen
bergender Mauern
verströmt
in sonnenbestäubten Streifen
auf Bogen tragenden,
trutzigen Pfeilern . . .

Orgelmusik,
verhalten, suchend,
präludiert
aus silbernen Pfeifen;
über dunklem Chorgestühl
bleigefaßte Fenster
und Heilige aus Stein . . .

Hände,
alte und junge,
in Ehrfurcht gefaltet,
gläubige Herzen
voller Hoffnung und Pein;
auf stillem Antlitz
Liebe, ferne vom Leid . . .

Orgelfinale,
jubelnd
in gewaltiges Glockengeläut;
Strom der Suchenden
und Gefundenen
aus Gottes ewig offener Tür,
– Hort
in der Angst unserer Zeit.

Schleswigs Ostertag 1848

Von Theodor Fontane

Ich denke deiner, Ostertag:
Ein Nebel über Schleswig lag,
Über Schleswig-Stadt, über Schleswig-Land –
Der Däne hielt uns wieder in Hand,

Er hielt Schloß Gottorp, er hielt die Schlei,
Unser kurzer Traum war wieder vorbei;
Ein Nebel über Schleswig lag,
Achtundvierzig, am Ostertag.

Und über die Stadt und über den Strom
Die Glocken riefen in den Dom,
Und ehe das erste Lied erscholl,
Von Betern war die Kirche voll,
Betende Männer, betende Frau'n,
In schwarzem Festkleid alle zu schaun,
Dazwischen aber (bittre Not)
Leuchtende Punkte von Dänisch-rot.

Und bis an die Kanzel traten wir hin,
Zwischen Hoffen und Bangen ging unser Sinn,
Von Auferstehung der Geistliche sprach,
Wir hingen seinen Worten nach,
Seinem Wort von dem abgewälzten Stein,
Wir mischten viel Weltliches mit ein,
Wenn's Sünde war, es war nicht gewollt – –
Horch, es donnert! wie dumpf es rollt.

Ein Ostergewitter? Es kann nicht sein,
Durch die hohen Fenster fällt Sonnenschein,
Er fällt wie suchend, gedämpft und mild
Auf das eichengeschnitzte Altarbild,
Auf die zwanzigfeldrige breite Wand
Von Meister Brüggemanns eigener Hand,
Der Felder eines schwimmt wie in Gold – –
Horch, zum zweiten, es donnert, es rollt.

Es rollt wie näher, die Fenster klirrn,
Aller Blicke hinüber, herüber irrn,
Es fragen die Augen bei Freund und Feind,
Ein Flüstern geht leise: „Was ist gemeint?"
Und ehe noch flüsternd die Antwort geht,
Vom Eingang her ein Zugwind weht,
Weit offen die Tür; was gibt's, was ist?
In das Mittelschiff tritt ein dän'scher Hornist,

Und in die Kirche hinein, vom Portal,
Bläst er Generalmarsch, Signal auf Signal.

Ein Rasseln, ein Lärmen. Still wieder das Haus,
Die roten Punkte loschen aus,
Was deutsch in Schleswig wollte sein,
War wieder in Schleswigs Dom allein.
Und wie Hilfe suchend und Trost und Ruh'
Den Stufen des Altars drängten wir zu,
Dicht zu; der Geistliche aber spricht:

„Herr, du bist unsre Zuversicht!
Da ist kein Jäger, der uns schreckt,
Solange uns dein Fittich deckt,

Ob tausend fallen an unsrer Seit',
Du bist unser Schirm in jedem Streit,
Du stellst deinen Engel an unsre Tür,
Uns zu behüten für und für,
Wir rufen deinen Namen an,
Hilf uns, wie du so oft getan,
Zersplittre unsrer Feinde Spott,
Du bist unsre Burg, du bist unser Gott,
Blende die Wächter, wälz' ab den Stein" –
Er schwieg. Wie Trommeln klang es herein,
Lustiger preußischer Trommelschlag,
Heller Mittag über Schleswig lag,
Heller Mittag über Schloß und Schlei –
Ostern war, und das Land war frei.

Theodor Storm an Ludwig Pietsch in Berlin

Husum, 19. Oktbr. 1874

Lieber Pietsch,

„Wedder to Hus!" In Schleswig (halber Weg) holte meine Frau mich ab; und wir standen noch dort im Dom eine Weile vor Meister Hans Brüggemanns Altarblatt, während Freund Stange, der Domorganist, dazu für uns die mächtigsten Töne durch die Hallen brausen ließ. Dort möchte ich Dich einmal haben. Wie würde der Superlativ bei Dir in Gang kommen. Reise doch auch einmal für Deine Zeitungen zu uns; Reisebriefe gibt's da auch leicht. . . .

Also –

Dein Th. Storm.

Frühe Begegnung mit dem Brüggemann-Altar

Von Emil Nolde

Flensburg
1884–1888
Die Loslösung von der Scholle war erfolgt. Zu meiner großen Freude. Ich stand an der Schnitzbank. . . .
. . . Während meines ersten Lehrjahres wurde in unserer Werkstatt ein großes, während der Jahre 1514–1521 von Hans Brüggemann geschnitztes Altarwerk restauriert. Ich schaute voll Begeisterung alles an, und ich durfte die figurenreichen Gruppen mit Spiritus abwaschen. Ja sogar auch fehlende Hellebarden und Schwerter der Kriegsknechte schnitzen. Das war erregend. . . .

Johann Wolfgang von Goethe zu Böhndels Lithographien nach dem Bordesholmer Altar

Im Dome zu Schleswig befindet sich im verschlossenen Chor ein Altar, reichlich geziert mit Schnitzwerken aus Eichenholz, meistens auf die Leidensgeschichte des Heilandes bezüglich, welcher Altar bis 1666 in der Klosterkirche zu Bordesholm gestanden und laut der darauf befindlichen Jahrzahl im Jahr 1521 beendigt ist. Der Meister nannte sich zwar nicht, indessen giebt es schriftliche Nachrichten welchen zufolge derselbe Johannes Brüggemann hieß, aus Husum gebürtig war und nebst Gehülfen an dem erwähnten Werk sieben Jahre lang arbeitete.
Abbildungen von sämmtlichen Schnitzwerken des Altars und wie solche angebracht sind, will Herr Böhndel, besage einer eigens gedruckten Einladung zur Subscription, in 37 Blättern und diese in sechs

Lieferungen getheilt erscheinen lassen; jede Lieferung wird den Subscribenten drey Thaler Sächsisch kosten. Die uns vor Augen liegende erste Lieferung enthält:

1) Dedication an den Prinzen Christian Friedrich von Dänemark, mit den beyden Figuren Königs Christian II. und dessen Gemahlin Isabelle auf Säulen stehend.
2) Abbildung der Schrift am Sockel des Altars.
3) Leichter Umriß des ganzen Brüggemannischen Werks.
4) Die Fußwaschung.
5) Das Abend- oder Liebesmahl, wie die ersten Christen es feyerten.
6) Feyer des Osterlammes der Kinder Israel, in Pilgerkleidern zur Reise gerüstet.
7) Verrath und Kuß des Judas.
8) St. Joseph knieend in betender Stellung.

Kunstverdienst ist Brüggemanns weitläufigem Werk nicht abzusprechen, und durch Bekanntmachung desselben sehen wir mit Vergnügen die dürftigen Kenntnisse von ältern deutschen Künstlern um einen wackern Meister vermehrt, dessen Geschmack und Kunstvermögen ungefähr mit dem seines vielleicht etwas ältern Zeitverwandten Adam Kraft aus Nürnberg verglichen werden dürfte, und wir müßten sehr irren wenn Brüggemann seinen damals zu Nürnberg blühenden Kunstgenossen gänzlich fremd gewesen wäre.

Die von Herrn Böhndel gelieferten lithographischen Abbildungen sind wie mit der Feder gezeichnet und sehen alten Holzschnitten aus A. Dürers und L. Cranachs Zeiten ähnlich, welche Behandlungs-Art mit Verstand gewählt ist, weil sie am besten das Eigenthümliche der alten Schnitzwerke treulich darzustellen sich eignet. Wir zählen darum auch diese Blätter, vor allen den trefflich gelungenen, von Brüggemanns Kunst einen würdigen Begriff erweckenden St. Joseph, den besten in neuerer Zeit versuchten Abbildungen altdeutscher Kunstwerke bey, und wünschen ihnen beym Publicum geneigte Aufnahme.

Bedenken wir übrigens im Allgemeinen die jetzt herrschende Thätigkeit Werke des älteren Kunstgeschmacks in der Baukunst, Malerey und Bildhauerey, durch lithographische und in Kupfer gestochene Abbildungen bekannt zu machen, so regt sich die wohl nicht ganz ungegründete Sorge: es dürfte dem kunstliebenden Publicum von dieser Seite zuviel zugemuthet und der Markt endlich übertragen werden; nichts aber müßte nachtheiliger wirken als der Ueberdruß, weil alsdann das Gute ja das Vortreffliche selbst mit dem Schlechten und Mittelmäßigen gleicher Verschmähung Preis gegeben würde.

Der gestohlene Engel

Von Waldemar Augustiny

Die große Kostbarkeit des Domes, damals noch nicht so berühmt wie heute, der Bordesholmer Altar, zog auch mich an, leider jedoch lag er meist im Halbdunkel und war in seinen Einzelheiten kaum erkennbar. Einmal wagte ich etwas Schreckliches. Ich kletterte auf den Altar, um wenigstens eine der unteren Figuren genauer betrachten zu können. Das Sakrileg, das ich unter Herzklopfen beging, brachte mir ein unvergeßliches Erlebnis. Ich stand in Augenhöhe vor der kleinen Seitenfigur des lautespielenden Engels. Das Schnitzmesser hatte hier aus dem Eichenholz eine Gestalt herausgeholt, die im Faltenwurf des Gewandes, in der Haltung des Körpers, im Ausdruck des Gesichts und vielleicht mehr noch der Hände von einer fast auch dem Ohr erreichbaren Musikalität erfüllt war. Viele Jahre später las ich, daß diese Figur gestohlen worden sei, und wenn ich schon meinen Sündenfall beichte, so muß ich ausdrücklich vermerken: Ich war nicht der Dieb.

Gottfried Keller im Briefwechsel mit Wilhelm Petersen

Petersen an Keller — Schleswig, 15. Juni 1883

. . . Ich sende Ihnen zwei kleine Figuren von unserm berühmten Domaltar von Hans Brüggemann, angeblich gearbeitet 1514/21. Es sind kleine Nebenfiguren, welche etwa 40 an der Zahl auf Konsolen unter Baldachinen einige Hauptglieder des Holzschnitzwerkes verzieren. Einige wurden für das Germanische Museum hier abgegossen. Es gelang mir später, dem Bildhauer klar zu machen, daß man den Gips färben und die Oberfläche so behandeln könne, daß die Figuren, anstatt weiße Gespenster zu sein, den Originalen täuschend ähnlich wurden. Es gelang so gut, daß Tischler und Zimmerer die Gipssachen für Eichenholz hielten. Zuerst lieferte der Mann (in Hannover) gute Sachen; jetzt sind sie aber recht verliederlicht. Immerhin werden Sie in den beiden Dingerchen die geniale Hand erkennen. Ich kann zurzeit nichts Besseres geben . . .

. . . von Ihrem W. Petersen

Keller an Petersen Zürich, 1. Juli 1883

Verehrter Feund! Sie haben mir eine so liebenswürdige Exekutionsmannschaft ins Haus geschickt, daß ich mich endlich aus meiner Zerstreuung zusammenlesen muß, um den flatternden Faden unserer Korrespondenz wieder aufzufangen. Die beiden zierlichen Figuren, der St. Georg und der liebliche jugendliche Heilige oder Chorsänger mit dem Buche, sind wohlbehalten angekommen, und ich danke Ihnen allerschönstens für diesen neuen Beweis Ihrer unerschöpflichen Güte. Ich glaube auch, daraus entnehmen zu können, daß Sie wohlauf und guter Laune sind, obgleich Sie dies Jahr nicht südwärts geflogen zu sein scheinen.

Ich habe irgendwo eine Ansicht des Schleswiger Altares liegen und wollte sie nur gleich hervornehmen, um die Stelle zu ermitteln, wo die beiden Figürchen stehen, fand aber das Blatt nicht, obgleich es sicher da ist. Es wird unvermutet zum Vorschein kommen . . .

Ihr alter Gottfr. Keller

Die abgehauene Zehe

– Eine Sage –

In der Schleswiger Domkirche befindet sich ein altes von Holz geschnitztes Bild aus der katholischen Zeit: Christus unter dem Kreuze sitzend. Ein betrunkener Holzbauer ging einmal zur Zeit des Herzogs Christian Albrecht mit seinem Beil durch die Kirche und hieb in rohem Übermut dem Bilde die große Zehe des linken Fußes ab. Abends aber beim Auskleiden fand er seinen Strumpf voll Blut und seine eigne Zehe vom Fuße getrennt.

Der Schleswiger Dom

Um eine kostspielige Reparatur am Schleswiger Dom ausführen zu lassen, wird eine Dom-Lotterie veranstaltet.
Als man der alten Frau Hansen für diesen wohltätigen Zweck ein Los anbietet, lehnt sie ab mit der Begründung: „Wenn ich nun mit meinem Los den Dom gewinne – was soll ich dann mit dem großen Bauwerk anfangen??"

Auf dem „Dom" im Schwal

Von Graf Adelbert Baudissin

Für die muthwillige Jugend gab es früher kein größeres Vergnügen, als an Tagen, wo die Bauern aus der Umgegend herbeiströmten und den Schwal so dicht anfüllten, daß man weder vorwärts noch rückwärts konnte – mit einer starken Nadel und gutem Pechdraht vor einer Kuchenbude Posto zu fassen und die hirschledernen Hosen der Bauern durch ein paar kühne Stiche zusammen zu nähen. Es ist mir selbst einmal gelungen, drei Bauern so fest zu verkoppeln, daß sie sich nicht von der Stelle bewegen konnten; und da jeder glaubte, daß die Anderen ihn von hinten festhielten, alle drei aber mit Püffen und Stößen eben nicht sparsam umgingen, erlebte ich eine Szene, an die ich noch jetzt mit Lächeln zurückdenken muß.

Warum schlief ich eine Nacht hier? (1910)

Von Alfred Kerr

Schleswig an der Schlei. Warum schlief ich eine Nacht hier? Weil mir war, als müßte man des Morgens den neunzigjährigen Rochus v. Li-

liencron irgendwo herumsitzen sehn. Vor fünfzig Jahren an der Arbeit; „Historische Volkslieder der Deutschen". In einem Kloster der nordischen Stadt Schleswig. Sagengestalt selber – (wie der sammelnde Freiherr Hartwig von Meusebach).
Im Dom. Vor dem alten Meisterwerk des Holzbildners Brüggemann; vor dem tollen, schweren Reichtum köstlich-ulkiger Kleinkunst, welche die Heroen des Neuen Testaments zum Kugeln ergreifend wandeln läßt, – im Dom sprach ich zum Kantor: „Wie kommt es, daß man Rochus Liliencron nirgends herumsitzen sieht?"
Kantor: „Er ist nach Berlin gezogen, zu seinem Schwiegersohn." – Ich: „Wer ist das?" – Kantor: „Aber der Finanzminister v. Rheinbaben." – Ich: „Das ist mir neu."
Ich (fortfahrend): „Rheinbaben ist gar nicht mehr Finanzminister." – Kantor: „So?" . . . Geschickt verbarg er seinen Schmerz hinter dem Ausdruck wahnsinniger Gelassenheit.
Eine Besitzung heißt: ein Gewese. Hier im Norden ergänzt man seine deutsche Sprache. Manches Geschäft heißt: Hökerei. (Was in Schlesien „Bäudel" ist. An der Spree gräßlicherweise: Grünkramkeller . . .)
Der Dom hat einen ulkigen Klosterkreuzgang, der vom vielen Umbauen der Jahrhunderte torkelig ist (wie in Mecklenburg Weiden-Alleen oft völlig besoffen sind).
Ein Inselchen liegt in der flachen Schlei-Bucht. Tausende von Möwen, nichts als Möwen, halbzahm, darauf . . . Wie der Platz von San Marco mit den Tauben; nur gespensterhaft; verschollen; in einem nordischfahlgrünen Wasserarm . . .
(So Schleswig.)

Holm und Möweninsel

Von Möwenpreis und Möwenkönig

Ein Volksfest im 19. Jahrhundert

Von Graf Adelbert Baudissin

Die Holmer führen ein streng patriarchalisches Leben und sind im Grunde genommen Republikaner; trotzdem wird alljährlich Einer von ihnen zum König gewählt, und zwar zum König über die Möven, welche die Insel in der Schlei bewohnen und den Schleswigern jedes Jahr Gelegenheit geben, den Mövenpreis zu feiern.

Die Insel liegt dem Gottorper Schlosse gegenüber, zwischen Haddeby und dem Lolfuß, und soll in alten Zeiten durch ein gewaltiges Schloß geziert gewesen sein, von dem aber keine Spur mehr aufzufinden ist. Statt edler Ritter und Fürsten hausen jetzt allerliebste kleine Möven auf ihr, die im Anfang des Märzmonats aus wärmeren Gegenden zu ihren Brutstellen zurückkehren und sogleich unter den speziellen Schutz eines Königs gestellt werden, der – unähnlich vielen anderen Herrschern – darauf zu achten hat, daß seinen Unterthanen nichts abgenommen wird. Nacht und Tag muß er wachen, daß Niemand die Insel betritt und Eier raubt, und wenn die dritte Brut ausgekrochen ist und eine ziemliche Größe erreicht hat – was um die Mitte des Julimonats einzutreten pflegt – macht er dem Magistrat Anzeige, daß der Mövenpreis abgehalten werden kann.

Der Magistrat nimmt die Anzeige gebührend ad acta und macht durch das Intelligenzblatt der Stadt – dem Blatte fehlt freilich jede Spur von Intelligenz – männiglich bekannt, daß an dem und dem Tage, Mittags um zwölf Uhr, der und der Forstbeamte in voller Uniform die Möveninsel betreten und durch feierliches Abfeuern seines Gewehrs ein Zeichen geben werde, daß die bisher gehegten und gepflegten Bewohner nach Belieben können geschossen und gefangen werden.

Schon am frühen Morgen des verhängnißvollen Tages sieht man ehrwürdige Philister, kaum erwachsene Buben, Rathsherren und Schneiderlehrlinge mit Doppelflinten, Pistolen, Musketen, Entenbüchsen und Muskedonnern verdächtige und staatsgefährliche Uebungen anstellen. Hier ladet ein dicker Bierbrauer ein Pfund Schrot auf eine

Handvoll Pulver, dort sucht ein Seifensieder das Piston abzuschrauben, hier werden alte Feuerschlösser reparirt, dort verzweifelte Anstrengungen gemacht, den eingerosteten Ladstock herauszuziehen, dazwischen laufen Weiber und Kinder mit enormen Pulverhörnern, schweren Schrotbeuteln und ganzen Schachteln voll Zündhütchen ab und zu. – Hunde aller Gattungen und Größen werden an Stricken festgehalten, oder mit Prügeln und Schmeichelreden in die bereitstehenden Boote gezerrt; was schwimmen und apportiren kann – ob die Bestie es thut, ist eine andere Frage – muß mit – der Bello und der Kuhle, der Neufundländer und der Dachs, der Hühnerhund und der Pudel. Unendlich scheint die Zahl der Boote, die bereit liegen, um die Jäger aufzunehmen; unendlich die Zahl derer, welche auf Mövenmord ausgehen. Schon mehrere Stunden vor der festgesetzten Zeit ist ein dichter Kreis um den Mövenberg gebildet; es ist noch kein Schuß gefallen, aber gezielt und probirt haben die Jäger; Wetten sind gemacht, Hunde sind über Bord gesprungen und dem Lande zugeschwommen; Kähne sind aneinander gerannt, und die Möven, die von Alters her wissen, „was soll es bedeuten", schweben kreischend über ihren Nestern und suchen vergebens, ihre Brut vor den Jägern zu warnen. Die armen Unerfahrenen tummeln sich tüchtig umher und verlassen sich, wie es scheint, auf den Schutz ihres Königs.
Da erschallt ein tausendstimmiges Hurrah. Der Forstbeamte hat seinen Kahn bestiegen und läßt sich auf die Schlei hinausrudern; in wenig Minuten hat er das Ziel seiner Seereise erreicht: er springt an's Land, knallt in die Luft – und Tausende und aber Tausende von Möven erheben sich wehklagend und bereuen zu spät ihr Vertrauen. Kaum hat der Forstbeamte seine Ceremonie beendet, so ergreift Alles, was Hände hat, die Ruder, um desto eher die Insel betreten zu können; das ist eine Wettfahrt, als gälte es Tod und Leben; da hört jeder Standesunterschied auf – der Bürgermeister und der Schusterjunge streben mit vereinten Kräften vorwärts zu kommen; stößt der Kahn auf eine Sandbank, so springt der Fischer in's Wasser und macht ihn wieder flott, oder er trägt die Schützen einen nach dem andern an's Land; Buben mit Säcken und Körben versehen mischen sich unter die Väter der Stadt, um „Kajapper" (junge Mövchen) zu fangen; Hunde aller Farben und Rassen springen winselnd und bellend in's Wasser, und piff, paff erschallt es von allen Seiten; der Rathsherr sitzt auf den Schultern des Mövenkönigs, der unter der Last im Moraste stecken geblieben ist, und knallt in's Blaue; der Handschuhmacher feuert seinen Ladstock in die Wolken; der Bierbrauer verliert die Zündhütchenschachtel, dem Metzger wird ein Gewehr bei den Ohren abgeknallt,

daß er rückwärts taumelt; Ami und Cartouche beißen sich im Wasser um eine Möve; der Schneider wendet den letzten Odem an, um seinen Lehrling zu rufen, der mit dem Pulverhorn in die Schlei gefallen ist; der Nachbar fällt über den Nachbar her, weil jeder behauptet, die Möve geschossen zu haben, die ein Dritter getroffen; dazwischen kreischen die Möven aus tausend Kehlen – kurz, es ist ein so lebendiges Volksfest, wie es kaum ein zweites geben dürfte, und wer davon kommt, ohne bis unter die Arme in's Wasser gefallen oder sonstwie beschädigt zu sein – hat sich vortrefflich amüsirt. . . .
Die beständige Plünderung der Nester hat zur Folge gehabt, daß die Möven sich andere Brutplätze ausgesucht haben, und daß die Zahl derer, welche dem Mövenberge bei Schleswig treu geblieben sind, außerordentlich abgenommen hat . . .

Seiner Exzellenz
Herrn Generalfeldmarschall von Hindenburg,

Großes Hauptquartier

Jedem ein Ei!
Und dem braven Schweppermann zwei!
Doch unser Generalfeldmarschall,
Des Deutschen Reiches Schirm und Wall,
Deß Namen alle Lippen tragen,
Dem dankbar alle Herzen schlagen,
Der fern hält unserer blauen Schlei
Des Krieges Kampf und Kampfgeschrei,
Der möge gnädig uns gewähren,
Mit hundert Eiern ihn zu ehren,
Die unsre Möwen mit Bedacht
Eigens für ihn hervorgebracht,
Weil seines Schwertes Siegeswille
Beschirmt auch ihrer Nester Stille,
Und daß zu neuer Tat Geschehn
Stets neue Kraft ihn mög' erstehn!

Elisabeth von Gusmann

Schleswig, den 1. Mai 1918

Der Magistrat, Behrens, Bürgermeister

Chef des Generalstabes
des Feldheeres — Gr. H. Qu., den 10. Mai 1918

An
den Magistrat der Stadt Schleswig
in Schleswig

Der Magistrat der Stadt Schleswig hat mir mit der Übersendung von 100 Möweneiern, die mit so humorvollen Versen begleitet waren, eine grosse Freude bereitet. Ihnen den guten Eingang derselben bestätigend, bitte ich für diese reiche Gabe, in der ich ein Zeichen gütigen Wohlwollens erblicke, meinen verbindlichen Dank entgegen zu nehmen.

gez. v. Hindenburg
General-Feldmarschall

Oh, diese Möweneier!

Eine Schleswiger Eierspezialität

Von N.N.

Die Möweneier mit hauchdünner Schale sollen mindestens zwölf Minuten kochen. Serviert wurden sie ursprünglich stehend auf einer Schüssel mit Salz. Hartgesottene Schleswiger brauchten angeblich zu jedem Ei einen Schnaps. Der Brauch begann, nachdem die „Schleswiger Nachrichten" 1887 das Einsammeln der Möweneier auf der Möweninsel angeregt hatten. Um das gemeinsame Essen genügend auszudehnen und den Schnapskonsum nicht zu sehr zu beschleunigen, entwickelten sich verschiedene Riten des Verzehrs. Folgendes Rezept war und ist das umständlichste und anregendste:
Man schneidet ein Ei der Länge nach auf und erfreut sich an dem schönen Anblick des in das Eiweiß eingebetteten rosafarbenen Dotters. Der grüne Rand der Schale macht den Anblick noch erfreulicher. Nach dem Augengenuß wird der Dotter mit einem Löffel herausgenommen, mit Butter, einigen Tropfen Essig, — wer es noch fetter haben

will, nimmt noch einige Tropfen Öl hinzu –, Pfeffer und Salz zusammengeknetet und wieder in das Bett des Dotters hineingefüllt. Dann wird langsam und mit Genuß der Inhalt der Schale ausgelöffelt. Um das Ganze bekömmlicher zu machen, kippt man einen Schnaps hinterher. Nach einer besinnlichen Pause mit Schleswiger Klönschnack geht man in die nächste Runde. Tapfere Schleswiger sollen es bis auf 20 Eier bringen. Ob sie wirklich zu jedem Ei einen Schnaps trinken, ist nicht überliefert.

Peter Jünks Reise mit der Silbermöwe nach Schleswig

Von August Clausen

Bald sah er quer vor sich einen Fluß. Das war die Treene, die aus der Hügellandschaft von Angeln kommt, bei dem Orte Oeversee nach Süden umbiegt und das Schleswiger Land durchfließt. Silberkop aber folgte nicht dem Lauf des Flusses, sondern der Landstraße nach Schleswig. Da tauchten vor ihnen die Türme und Häuser der Stadt auf. Silberkop steuerte auf den Schleswiger Dom zu.

„Peter", sagte sie, „ich möchte meine Möweninsel besuchen. Für dich wird es dort zu langweilig werden. Ich setze dich am Ufer ab und hole dich wieder, wenn du rufst."

„Gut", erwiderte er, „ich werde mir die Zeit schon vertreiben."

Peter wurde am Ufer abgesetzt, und Silberkop mischte sich unter die Möwenschar, die kreischend über der Insel flog. Peter schlenderte am Ufer entlang und dachte an nichts. Da kam ihm eine Mädchenklasse entgegen. Sie hatte Schleswig mit seinen hübschen Anlagen und Denkmälern besucht.

„Hier wollen wir rasten", rief die Lehrerin.

Die Mädchen setzten sich, holten ihr Brot aus dem Rucksack und fingen an zu frühstücken.

„Ich verstecke mich im Gebüsch", dachte Peter. „Vielleicht erzählt das Fräulein den Kindern nachher eine Geschichte, wie es der Lehrer auf dem Kalkberg tat."

Wirklich! Als die Mädchen gegessen und getrunken hatten, rief die Lehrerin ihre Schülerinnen zu sich und fragte:
„Kennt ihr die Sage von der schwarzen Gret?"
„Nein", riefen die Mädchen, „bitte erzählen Sie uns davon. Wer war die schwarze Gret?"
„Die schwarze Gret war eine Frau, die sich früher oftmals den hiesigen Fischern zeigte, wenn sie des Nachts beim Fischfang waren. Sie kam immer vom andern Ufer her, wo früher im Ringwall die Wikingerstadt Haithabu und wo jetzt der Ort Haddeby liegt. Noch heute heißt ein Erdwall nach ihr Margaretenwall. Nun, wenn sie sich den Fischern zeigte, erschien sie in königlicher Pracht, mit Perlen und Diamanten geschmückt, aber immer im schwarzen Gewande. Einmal kam sie auch zu zwei Fischern. Sie hatten die ganze Nacht gearbeitet und nichts gefangen. Zum letzten Male zogen sie ihre Netze wieder herauf und wollten traurig heimfahren, als ihnen die schwarze Gret erschien. Sie sprach zu den Fischern: ‚Legt eure Netze noch einmal aus, ihr werdet einen reichen Fang tun; den besten Fisch aber, den ihr fangt, müßt ihr ins Wasser werfen!' – Sie versprachen es und taten, wie die Gret gesagt. Der Fang war groß. Der Kahn konnte die Menge kaum fassen. Einer der Fische aber hatte Goldmünzen statt der Schuppen, Flossen von Smaragd und auf der Nase Perlen. ‚Das ist der beste Fisch', sprach der eine und wollte ihn wieder ins Wasser setzen. Aber der andere wehrte ihm und versteckte den Fisch. Gret sollte ihn nicht sehen. Dann ruderte er hastig zu; denn er war bange. Ungern folgte ihm sein Gefährte. Aber wie sie so hinfuhren, fingen die Fische im Boot allmählich an zu blinken wie Gold; denn der Goldfisch machte die übrigen auch golden. Und der Nachen ward immer schwerer und schwerer, versank endlich in die Tiefe und zog den bösen Gesellen mit hinab. Mit Mühe und Not entkam der andere und erzählte die Geschichte den Holmer Fischern."
Aufmerksam hatten die Kinder zugehört. Nun bestürmten sie ihre Lehrerin mit Fragen und Meinungen.
„Fräulein Petersen, ich hätte den Fisch aber ins Wasser geworfen, wie die schwarze Gret es haben wollte", meinte die eine.
„Weshalb war der eine Fischer auch so habgierig und wollte alle Fische behalten? Das hat er davon. Nun mußte er ertrinken", sagte eine andere.
„Wie schön, daß der eine Gefährte mit dem Leben davonkam. Er wollte das Versprechen halten. Hätte der andere Fischer gehorcht, wären sie sicher mit dem reichen Fang ans Ufer gekommen", erklärte eine dritte.

„Kinder“, sagte die Lehrerin, „wir müssen aufbrechen. Der Zug wartet nicht auf uns. Morgen wollen wir weiter über die Sage sprechen.“
Sogleich rüsteten sie sich zum Abmarsch, sammelten das Frühstückspapier auf und verließen ihren Lagerplatz.
Peter saß im Gebüsch und war ganz nachdenklich geworden. Einige Möwen kamen angeflogen und suchten Brotreste. Auch Silberkop war unter ihnen, nahm Peter auf den Rücken und flog mit ihm heimwärts. Sie hatte wohl manche Bekannte getroffen, mit denen sie zusammen aufgewachsen war. Es waren aber lauter Lachmöwen.
„Silberkop, hast du etwas von deinen Eltern und Geschwistern gesehen?“
„Nein, niemand“, sagte Silberkop traurig. Peter merkte aber nichts von ihrer Traurigkeit. Er mußte zuviel an die Sage denken.
Als Peter wieder am Heimatstrand war und sich verabschiedet hatte, lief er stracks zu seiner Mutter, die am Fenster saß und strickte. Er setzte sich zu ihr und fragte: „Mutter, kennst du die Sage von der schwarzen Gret?“
„Ja, Peter, die habe ich kennengelernt, als ich noch in die Schule ging.“
„Mutter, ist die Geschichte wahr?“ fragte Peter.
„Etwas ist sicher wirklich geschehen, sonst hätten die Menschen sie sich nicht weitererzählt“, erwiderte die Mutter.
„Daß das Boot auf der Schlei untergegangen, der eine Fischer ertrunken und der andere mit dem Leben davongekommen ist, glaube ich. Aber das mit der schwarzen Gret, Mutter, ist das wahr?“
„Fischer waren früher abergläubisch, mein Junge. Sie glaubten an gute und böse Geister, die sie beschützten und schlechte Taten bestraften. Die Holmer Fischer glaubten an die schwarze Gret. Auch die Schiffer waren abergläubisch. Sie glaubten an den Klabautermann. Der hatte einen feuerroten Kopf, einen weißen Bart und trug Matrosenkleidung. Solange er an Bord blieb, ging die Fahrt gut. Wenn er aber bei stürmischer See von Bord ging, war das Schiff nicht mehr zu retten; es ging mit Mann und Maus unter. Aber nicht nur die Seeleute waren abergläubisch, auch die Landleute, die Handwerker und Bauern. Denk mal an die Heinzelmännchen, die dem Schuster, Schneider und Tischler bei der Arbeit halfen. Du kennst doch auch Märchen, in denen von Kobolden und anderen Männchen erzählt wird. Die wohnten in Haus und Viehstall zwischen Kisten und Kasten. Ließen die Menschen sie in Ruhe, dann waren sie ihnen bei ihrer Arbeit behilflich und schützten Menschen und Tiere vor Krankheit und Not. Nur wenn sie belauscht, geneckt oder sonst geärgert wurden, verließen sie schnell das Haus und spielten den Bewohnern einen Schabernack.

Nimm nur dein Märchenbuch und lies die Geschichte vom Rumpelstilzchen. Das ist auch so ein kleiner Hausgeist."
„Ja, Mutter, das will ich tun."

König Abels Ende

Schleswigsche Sage

Von Emanuel Geibel

König Abel hatt' einen schweren Traum,
Nicht länger läßt's ihn schlafen,
Er springt vom Bett und tritt hinaus
Zum Söller überm Hafen.

Es scheint der Mond, es rauscht die Schlei
Mit dumpfem Wellenschlage;
Der König starrt hinab, er denkt
Der Schuld vergangner Tage.

Und wie es Eins vom Dome schlägt,
Kommt unten auf den Wogen
Gespenstisch aus dem Nebelduft
Ein stummer Kahn gezogen.

Er schwebt heran im weißen Licht,
Unhörbar geht das Ruder –
„Hilf Gott! Der dort am Steuer sitzt,
Das ist mein todter Bruder!

Langsam an seinem Halse quillt
Das Blut aus breiter Wunde,
In seinem Haar noch klebt das Schilf,
Der Schlamm vom Stromesgrunde.

Er stiert mich an mit glas'gem Blick,
Mein Blut gerinnt vor Grauen;
Er hebt den Arm und winkt, und winkt –
Weh mir, ich kann's nicht schauen!"

Herr Abel stürzt zurück ins Schloß,
„Laßt mir den Bischof wecken!"
Er keucht's und birgt sein fiebernd Haupt
In seines Lagers Decken.

„Fluch dir, Fluch dir unselig Gold,
Du Königskron' im Norden!
Wohl heiß ich Abel, doch um dich
Zum Kain bin ich worden.

Fluch Purpur dir! Du gleißtest mir
So zaubrisch vor den Sinnen;
Nun sengst du mich wie Feuersglut,
In Qual muß ich von hinnen."

Was pocht und hämmert in der Wand?
Das kommt vom Todtenwurme.
Was klirrt und klingt? Das Fenster springt
Weitklaffend auf im Sturme.

Und sieh, zwei schwarze Raben ziehn
Herein mit heiserem Schreien,
Sie flattern kreischend um das Bett
Und fliegen hinaus zu dreien.

Der Bischof kommt, er schlägt ein Kreuz,
Die Raben sieht er fliegen,
Er sieht den König starr und todt
Auf seinem Purpur liegen.

Claus Möllar auf dem Holm

Claus Möllar auf dem Holm wollte vor einiger Zeit die Grenze feststellen, bis zu der die Fähigkeit der „Arten" reicht, sich anderen Lebensbedingungen anzupassen. Zu diesem Behufe verschaffte er sich einen lebendigen Hering aus der Förde und trug ihn in einem kleinen Kübel, den er mit Schleiwasser gefüllt hatte, heim. Täglich nun goß er frisches Schleiwasser in den Kübel, verringerte aber allmählich die Menge des Wassers, damit der Hering sich daran gewöhne, schließlich Luft ohne Zusatz von Wasser einzuatmen. Der Versuch gelang ihm über Erwarten. Er schüttete eines Tages den letzten spärlichen Rest des Wassers aus. Dann nahm er den Hering aus dem Kübel und setzte ihn auf den Fußboden, wo er zuerst allerdings recht ungeschickt umherhüpfte; aber nach und nach lernte das Tier, sich freier und rascher fortzubewegen. Es dauerte gar nicht lange, bis alle Schwierigkeiten überwunden waren. Der Hering folgte alsbald seinem Meister wie ein Schoßhündchen und wurde sein ständiger Begleiter auf der Straße. Einige Monate später hatte Möllar eine Brücke zu begehen. Sie war schadhaft und zeigte Lücken zwischen den einzelnen Bohlen. Weder Möllar noch sein getreuer Hering achteten der Gefahr. Bei einem Luftsprung kam der Hering unglücklicherweise nicht wieder auf das Holz der Brücke, sondern fiel in eine Spalte, glitt ins Wasser und — ertrank.

Up de Holmer Beliebung

Von Eduard Edert

Dat weer up de Holmer Beliebung, un de Olen, de al över söbentig sünd, harrn jüst ganz fierlich in Gehrock un Swattsieden ehr Menuett danzt. Steiht dor en Fischersfru alleen an'n Disch, un Propst Stoltenberg, de för jeden en fründlich Wort hett, seggt to ehr: „Na, Fru Petersen, wo old sünd Se denn?" „Och, Herr Propst", seggt se un weegt sik en beten hen un her, „ik bün eerst eenunsöbentig." — „Oh, dat is en schön Öller!" — „Woso, Herr Propst?" — „Dat will ik Se seggen. De meisten Lüüd, dat is statistisch, blievt twüschen sößtig und söbentig doot. Wer de söbentig eerst tofaat hett, den kann nix mehr passeern." – „Is dat würklich wohr, Herr Propst?" – „Dor künnt Se sik to verlaten, Fru Petersen." – „Ach, Herr Propst, denn lat uns man noch eenen ümdreihn."

Zwischenfall im Hafen

Von Roger Pilkington

. . . Diese ersten drei verführerischen Meilen auf der Schlei trieben mich weiterzufahren, und drei Stunden später hielt ich schon auf Schleswig zu. Nach rechts bog eine Fahrrinne nach der Pier der Zukkerfabrik ab, wo zwei Frachtschiffe Ladung übernahmen, aber ich hielt dies nicht für einen passenden Liegeplatz für mich, weil es von hier aus zu weit bis in die Stadt war. Nachdem ich das vorausliegende Ufer sehr sorgfältig mit dem Kieker abgesucht hatte, machte ich schließlich einen kleinen Hafen mit einer gut markierten Einfahrt aus. Im Baltic Pilot war er nicht erwähnt, aber das überraschte mich nicht, weil die Informationen Ihrer Lordschaft wirklich sehr flüchtig waren. Vorsichtig steuerte ich über die flachen Stellen, dabei immer ein Auge auf den roten Strich des Echolots gerichtet, und lief in den Hafen. Dort drehte ich das Schiff und brachte es ordentlich am inneren Ende an die Pier. Ich hatte es gerade festgemacht und bemerkt, daß ich den ganzen Platz für mich hatte, als zwei Soldaten herankamen, um sich das Schiff anzusehen. Sie sagten nach meiner Ansicht auf etwas verlegene und ablehnende Weise Guten Morgen, dann gingen sie weg. Einen Augenblick später kamen sie mit einem Offizier zurück, der hellglänzende silberne Eichenblätter und andere Abzeichen auf seiner Uniform hatte.

„Guten Morgen", sagte ich.

Er beachtete meinen Gruß nicht und brummte etwas.

„Wer gab Ihnen die Erlaubnis, hier in den Hafen zu laufen?"

Der ‚Commodore' ist nie unterwürfig gewesen, und ich konnte fühlen, daß er beleidigt war.

„Niemand", sagte ich kurz.

„Und warum sind Sie hier?"

Ich dachte wirklich, das sei zuviel. „Sie können's sich denken", sagte ich etwas hochmütig. „Warum wird wohl ein Schiff in den Hafen laufen!"
Er verzichtete auf eine Erklärung und sagte: „Sie haben nicht um Erlaubnis gefragt."
„Es ist nicht meine Gewohnheit und auch nicht die anderer mir bekannter Schiffskapitäne, draußen vor dem Hafen zu Anker zu gehen, hereinzupullen und vor dem Hafenmeister Kotau zu machen, um die Erlaubnis zum Einlaufen zu bekommen", sagte ich. „Wenn es das ist, was sie hier in Schleswig erwarten, dann habe ich keine Neigung, überhaupt hier zu bleiben."
Der Offizier blickte nach dem Heck und beäugte die Flagge. Dann las er den Namen und den Heimathafen. „Engländer", ich konnte direkt sehen, was er dachte. „Völlig übergeschnappt. Diese Burschen sind gefährlich." Vorsichtig hob er eine Hand, als wolle er meine Erregung besänftigen.
„Das ist nicht Schleswig", sagte er. „Das ist ein Hafen der Bundeswehr. Es ist militärisches Gebiet. Deswegen ist eine Erlaubnis zum Einlaufen notwendig."
Ich entschuldigte mich für meinen Irrtum, und der Offizier schien beruhigt zu sein. Es schien nicht zu einem internationalen Zwischenfall zu kommen. Er gab mir den Rat, zwischen Boje R und Q hindurchzufahren, da zu beiden Seiten der Bojen stellenweise weniger als drei Fuß Wasser sei. Dann könnte ich bis zur roten Boje mit der Markierung Haddeby laufen und nach rechts direkt auf die Kirche zu abbiegen. Das würde mich geradewegs auf den Kai zuführen, der bei der Stadt liegt . . .

Bilder aus der Kriegszeit (1916)

Von Helene Voigt-Diederichs

Wir nähern uns der breit um die Bucht gelagerten Stadt, die über sich selbst hinaus an sanften Hügeln emporwächst. Noch gestaltet sich, der lockenden Vormittagssonne zum Trotz, keine Einzelheit in dem weißen Dunst. Nur der Dom mit seinem gesägten Schieferturm steht da,

frei, ungeheuer und königlich – zwei Dome, der eine in den Himmel hinauf, der andere wirklichere ins Wasser hinab.
Erst vom Landungsplatz aus erkennt man den Zusammenhang des vielfältigen Gehäuses, den Kern des steil dunklen Hauptdaches, die mittelalterlichen Mauern, gefügt aus dem Wettertrotz der kleinen Backsteine mit den moosgleichen Spuren der alten Glasur. Der Turm samt seinem unwohltuenden Gelb und den übernommenen Maßen, bei aller wolkenkratzenden Gewalt – so aus nächster Nähe tut er eigentlich nichts, als dem Blick entgegentrumpfen: ich kanns auch.
Mein Bruder begibt sich auf die Gefangenensuche. Wir verbringen eine Stunde oder zwei in den kühlen Feierräumen des Doms und im warmen farbigen Kreuzgang, über dessen rote Fliesen schwarze uralte Efeublätter schurren, während im offnen Licht des Hofes das Unkraut in weißen Samen steht. Sonderbar, daß niemals wie heut die Bilder, Inschriften und Grabmäler versunkener Geschlechter lebendig waren, vom vorzeitlichen Runenstein bis zur Tafel im neuen Turm, die den Namen dreier Kaiser trägt. Und daß man den Meister des Brüggemannschen Altars, die eiserne Hand, die in das Eichenholz hinein bildete, den tief gestaltenden Sinn mit heißem Herzschlag als seinem Volk gehörig fühlt.
Drunten im Holm wohnen seit den frühesten Zeiten die Schleifischer beisammen. Buckliges Pflaster, jeder Stein ein unbequemes Ich. Kleine, manchmal märchenhaft kleine Häuser, aber es ist alles da: Dach, Schornstein und die großen blanken Fenster voll von Kaktus, Eiskraut und Judenbart. Zwischen Mauern schleichen schmale schattenschwarze Gänge zum glucksenden Wasser hinab. Durch offene Haustüren sieht man Ausschnitte von Gemüsegärten: zierlich belastete Birnbäumchen, Erbsenbeete, Krautköpfe und blühende Winden am Lattenzaun. Oder sonnige Höfe sind da mit Holzbankwinkeln für großväterliches Rheumatismusgebein.
Die Gasse verläuft auf dem sandigen Uferplatz, statt der Möwen beleben ihn Soldaten. Blaurote Trupps schwenken einher. Man rettet sich hart an die Häuserwand vor dem dröhnenden Schritt. Ältere bärtige Leute sind es, noch nicht zum Militär erhoben, vielmehr als Schuljungen vor allzu kindliche Aufgaben gestellt, die doch ihre besonderen unwürdigen Schwierigkeiten haben, um die man am besten mit spöttischer Nachsicht gegen sich selber herum kommt. Einer ist da, ein Freiwilliger offenbar, weit jenseits der Landsturmgrenze. Selig entlastet blickt er aus einem wunderbar pfiffigen Faltengesicht zurück in die verlassene Alltagswelt.
Am Straßenrand spachtelt eine Malerin die Natur auf ihre Leinwand.

Da gibt es aus der Schwärze des Gemüts aufleuchtende Gesichter, Hallohs und fortgepflanzte Rippenstöße. Das Mädchen rettet ihre Staffelei und tut das Klügste: empfindet die eigene Lächerlichkeit und lächelt mit. Als die großen Jungen mit ihren spottfertigen Mäulern vorbeigestampft sind, tritt ein alter Seebär mit einem langen grauen verkniffenen Mund heran, tröstet die Schöpferin und schilt seine Frau. Dumme Trine, sie soll nicht so nah hingucken. Kunst, das ist doch grade dies: wenn man davor steht, nichts als Schweinerei. Aber aus der Ferne, ‚dat reine Wunnerwark'. Alles drauf. Madsens Dachfenster und der weiße Rand um den Schornstein, und Miete Juhl geht mit der Schulmappe und genau derselben blauen Schürze, die sie immer um hat.

Und als er das auseinandergewickelt hat, muß er selber eilig zur Seite humpeln, denn ein neuer geübterer Trupp klirrt heran mit treuen roten Feldgesichtern und breit und braun gewachsenen Bärten, in die der Umriß eines Marschliedes geknarrt wird.

In früheren Zeiten bekam man Soldaten zur Ernte. Dieses Jahr, das alles Gewesene umkehrt, hat aus den Schnittern Soldaten gemacht.

Quellenangaben

Hans Christian Andersen (1805–1875): *Aus den Tagebüchern*
Aus „Aus Andersens Tagebüchern", Band 2. Herausgegeben und aus dem Dänischen übertragen von Heinz Barüske, Fischer Taschenbuch Verlag GmbH, Frankfurt am Main 1980, mit freundlicher Genehmigung des Verlages

Waldemar Augustiny (1897–1979): *Der gestohlene Engel*
Aus MERIAN „Schleswiger Land", 24. Jg., Heft 1, Hamburg, mit freundlicher Genehmigung von Herrn Volkert Augustiny, Düsseldorf

Graf Adelbert Baudissin (1820–1871): *Auf dem „Dom" im Schwal* und *Von Möwenpreis und Möwenkönig. Ein Volksfest im 19. Jahrhundert*
Aus „Schleswig-Holstein Meerumschlungen. Kriegs- und Friedensbilder aus dem Jahre 1864", Stuttgart 1865

Bürgermeister Behrens im Auftrag des Magistrats der Stadt Schleswig: *Seiner Exzellenz, Herrn Generalfeldmarschall von Hindenburg* und General-Feldmarschall v. Hindenburg: *An den Magistrat der Stadt Schleswig*
Mit freundlicher Genehmigung des Magistrats der Stadt Schleswig

Herzog Carl Eugen von Württemberg (1728–1793): *Nordschein über Schleswig*
Aus „Tagbücher seiner Rayßen", hrsg. von Robert Uhland, Tübingen 1968

Clemens Brentano (1778–1842): *Die Gottesmauer*
Aus „Werke", Erster Band, hrsg. von Wolfgang Frühwald, Bernhard Gajek und Friedhelm Kemp, München 1968

Moritz Busch (1821–1899): *Ein Gang durch das Irrenhaus (1856)*
Aus „Schleswig-Holsteinische Briefe", 1. Band, Leipzig 1856

August Clausen (1897–1974): *Peter Jünks Reise mit der Silbermöwe nach Schleswig*
Aus „Peter Jünks Reisen mit der Silbermöwe kreuz und quer durch Schleswig-Holstein. Ein Heimatbuch für Kinder", Flensburg 1934, mit freundlicher Genehmigung von Herrn Hans-Jörgen Friedrichsen, Brunsbüttel

Caspar Danckwerth (1605–1672) *über „Gottorp" und „Schleßwich" (1652)*
Aus „Newe Landesbeschreibung der zwey Hertzogthümer Schleswich und Holstein", Schleswig 1652

Willi Dohrn (1904–1981): *Dreehunnertfiefuntwintig Johr*, Schleswig 1963
Mit freundlicher Genehmigung von Frau Gretchen Dohrn

Eduard Edert (1880–1967): *Up de Holmer Beliebung*
Aus „Dat harr noch leeger warrn kunnt". Schleswig-Holsteinischer Humor, Karl Wachholtz Verlag, Neumünster 1961 (2. Auflage), mit freundlicher Genehmigung des Verlages

Wolfram Eicke (geb. 1955): *Das Café Marienbad*
Originalbeitrag, 1984. Mit freundlicher Genehmigung des Autors

Johannes Ewald (1743–1781): *Domschüler als politische Rowdies im 18. Jahrhundert*
Aus „Samlede Skrifter. Efter Tryk og Haandskrifter". Fjerde Bind, København 1919

Paul Fleming (1609–1640): *An Herzogen Friederichs zu Schleswig-Holstein Fürstl. Durchleuchtigkeit, aus Astrachan geschrieben.*
Aus „Paul Flemings Deutsche Gedichte". Hrsg. von J. M. Lappenberg. I. Stuttgart 1865. Viertes Buch Poetischer Wälder, von Glückwünschungen

Theodor Fontane (1819–1898): *Entzückt über die reizende Lage Schleswigs*
Aus „Der Schleswig-Holsteinische Krieg im Jahre 1864", Berlin 1866
Theodor Fontane (1819–1898): *Schleswigs Ostertag 1848*
Aus „Gedichte", Stuttgart und Berlin 1919
Paul Fulbrecht (geb. 1908): *Vor dem Nydamboot*
Aus „Schleswig-Holstein", Monatsheft, Jg. 1971, Neumünster, mit freundlicher Genehmigung des Autors
Lise Gast (geb. 1908): *Domschüler-Treff „Senator"*
Aus „Die Schenke zur ewigen Liebe", Franz Ehrenwirth Verlag, München 1977, mit freundlicher Genehmigung des Verlages
Théophile Gautier (1811–1872): *Jalousie des Duftes – Blumenschmuck in Schleswig*
Aus „Voyage en Russie", I., Paris 1867
Emanuel Geibel (1815–1884): *König Abels Ende. Schleswigsche Sage*
Aus „Gesammelte Werke". In acht Bänden. Vierter Band: „Spätherbstblätter-Heroldsrufe", Stuttgart 1883
Johann Wolfgang von Goethe (1749–1832) *zu Böhndels Lithographien nach dem Bordesholmer Altar*
Aus „Ueber Kunst und Alterthum", 5. Band, 2. Heft, Stuttgart 1825
Dr. H. . .: *Ein ganz anderes Gottorf (um 1855)*
Aus „Ein Sommer in Schleswig. Skizzen und Bilder". Aus dem Dänischen von Heinrich Helms, Leipzig 1855
Asta Heiberg (1817–1904): *Furchtbare Armut in Schleswig*
Aus „Erinnerungen aus meinem Leben", Berlin 1897
Nicolaus Heldvaderus (1564–1634): *Es hat Gott auch dieser Stadt zimblich zugetheilet*
Aus „Kurtze und einfaltige Beschreibung der Alten und weitberümbten Stadt Schleßwig", 1603
Stefan Heym (geb. 1913): *Eintreffen des Generalsuperintendenten Paulus von Eitzen in Schleswig*
Aus „Ahasver", (c) 1981 Stefan Heym. Alle Rechte der deutschsprachigen Ausgabe mit Ausnahme der Rechte der sozialistischen Länder bei C. Bertelsmann Verlag GmbH, München 1981, mit freundlicher Genehmigung des Verlages
Hans Holtorf (1899–1984): *Erinnerungen an das Schleswiger Stadttheater* und *Standesdünkel der Schleswiger*
Aus „Jugend zwischen Malerei und Theater. Lebenserinnerungen 1899–1937", hrsg. vom Institut für Regionale Forschung u. Information im Dt. Grenzverein e. V., Schleswiger Druck- und Verlagshaus, Schleswig 1980, mit freundlicher Genehmigung des Verlages und des Herausgebers
Gottfried Keller (1819–1890) *im Briefwechsel mit Wilhelm Petersen*
Aus „Mein lieber Herr und bester Freund – Gottfried Keller im Briefwechsel mit Wilhelm Petersen". Hrsg. von Irmgard Smidt, (c) 1984 by Th. Gut & Co. Verlag, Stäfa (Zürich), mit freundlicher Genehmigung des Verlages
Alfred Kerr (1867–1948): *Warum schlief ich eine Nacht hier? (1910)*
Aus Gesammelte Schriften, „Die Welt im Licht", 1. Band: „Verweile doch!" S. Fischer-Verlag, Berlin 1920. (c) Sir Michael Kerr und Judith Kneale-Kerr, mit freundlicher Genehmigung der Niedieck Linder AG, Zürich

Siegfried Lenz (geb. 1926): *Ferne Heimatkunde aus erster Hand*
Aus „Heimatmuseum", Roman, (c) Hoffmann und Campe Verlag, Hamburg 1978, mit freundlicher Genehmigung des Verlages

Bernhard v. Lepel (1818–1885) *an Theodor Fontane*
Aus „Vierzig Jahre". Bernhard v. Lepel an Theodor Fontane. Briefe von 1843–1883. Hrsg. von Eva A. v. Arnim, Berlin 1910

Detlev von Liliencron (1844–1909): *Die schwarzen Mönche in Schleswig 1190*
Aus „Gesammelte Werke", 3. Band: Gedichte, „Nebel und Sonne", Berlin 1911

Erich Loest (geb. 1926): *Den Wikingern ein Museum*
Aus „Geordnete Rückzüge – Reisefeuilletons", Postskriptum Verlagsgesellschaft mbH, Hannover 1984, mit freundlicher Genehmigung des Verlages

Francisco de Miranda (1750–1816): *Aus dem Reisetagebuch des Generals Miranda (1788)*
Aus „Archivo Del General Miranda 1787–1788", Tomo III, Caracas – Venezuela 1929

N.N.: *Oh, diese Möweneier! Eine Schleswiger Eierspezialität.*
Originalbeitrag 1985

Emil Nolde (1867–1956): *Frühe Begegnung mit dem Brüggemann-Altar*
Aus „Das eigene Leben. Die Zeit der Jugend 1867–1902", 2. Auflage, Verlagshaus Christian Wolff, Flensburg und Hamburg 1949, mit freundlicher Genehmigung der Nolde-Stiftung Seebüll

Friedrich Ernst Peters (1890–1962): *Unverdunkelte Stadt (Mai 1945)*
Aus „Ausgewählte Werke", Band I, Gedichte, Hamburg 1958, mit freundlicher Genehmigung von Frau Frauke Michalowsky, Schweigen-Rechtenbach

Lorenz Petersen (1873–1940): *Wilhelm Petersen: „Pflanzt Rosen vor Euren Häusern".*
Aus „Wilhelm Petersen. Zu seinem hundertjährigen Geburtstag am 20. 1. 1935, als Manuskript in 50 Exemplaren gedruckt", Glückstadt und Hamburg 1935, mit freundlicher Genehmigung von Herrn Otto Petersen, Hamburg

Ulrich Petersen (1656–1735): *Über die Weitläufigkeit der Stadt*
Aus Heinrich Philippsen, „Alt-Schleswig. I. Beiträge zur Geschichte der Stadt Schleswig (Topographischer Teil)", Schleswig 1923

Roger Pilkington: *Zwischenfall im Hafen*
Aus „Bei uns an Bord wird nicht geglast", Band II: „Auf Norddeutschlands Flüssen und Kanälen", Verlag Die Brigantine, Hamburg 1971, mit freundlicher Genehmigung der Koehlers Verlagsgesellschaft mbH, Herford

J. Hans Richter (geb. 1908): *Pfingsten im Schleswiger Dom*
Aus „Schleswig-Holstein", Monatsheft, Jg. 1968, Neumünster, mit freundlicher Genehmigung des Autors

Benjamin Riedel: *Was ein wandernder Leinewebergeselle vor und in Schleswig erlebte (um 1810)*
Aus „Gut Gesell', und du mußt wandern". Aus dem Reisetagebuch des wandernden Leinewebergesellen Benjamin Riedel 1803–1816, hrsg. von Friedrich Zollhoefer, Goslar 1938

Helga Riedel (geb. 1942): *Besuch bei den Moorleichen*
Aus „Wiedergänger" – rororo thriller 2682, Copyright (c) 1984 by Rowohlt Taschenbuch Verlag GmbH, Reinbek bei Hamburg, mit freundlicher Genehmigung des Verlages

Johann Rist (1607–1667): *Du Gottorff an den Hügeln*
Aus „Kriegs- und Friedens-Spiegel", Hamburg 1640
Ernst von Salomon (1902–1972): *Besuch im Prinzen-Palais*
Aus „Der Fragebogen", Copyright (c) 1951 by Rowohlt Verlag GmbH, Hamburg, mit freundlicher Genehmigung des Verlages
Christian Nicolaus Schnittger (1832–1896): *Der Eckensteher vom Friedrichsberg*
Aus „Erinnerungen eines alten Schleswigers", 2. Band, Schleswig 1891
Georg Friedrich Schumacher (1771–1852): *Leben in der Schleswiger Gesellschaft um 1800*
Aus „Genrebilder aus dem Leben eines siebenzigjährigen Schulmannes, ernsten und humoristischen Inhalts; oder: Beiträge zur Geschichte der Sitten und des Geistes seiner Zeit", Schleswig 1841
Jürgen Schwalm (geb. 1932): *Haithabu*
Aus „Farbwechsel", Verlag Th. Breit, Marquartstein 1982, mit freundlicher Genehmigung des Autors
Geerd Spanjer (geb. 1905): *Schleswig*
Aus „Von Heimat und Weite", Gedichte, Schleswig 1953, mit freundlicher Genehmigung des Autors
Theodor Storm (1817–1888) *an Ludwig Pietsch in Berlin*
Aus „Blätter der Freundschaft". Aus dem Briefwechsel zwischen Theodor Storm und Ludwig Pietsch, mitgeteilt von Volquart Pauls, Heide 1943
Axeline Tellmann (geb. 1924): *Friedrichsberger Schützenmarsch*, Schleswig 1972
Mit freundlicher Genehmigung der Autorin
Irene Tetzlaff (geb. 1909): *Der Gottorper Hof ist voller Merkwürdigkeiten*
Aus „Der Graf von Saint Germain. Licht in der Finsternis", J. Ch. Mellinger Verlag GmbH, Stuttgart 1980, mit freundlicher Genehmigung des Verlages
Helmut Ulrich (geb. 1942): *Tagesthemen*
Unveröffentlichtes Manuskript (Auszug), 1984, mit freundlicher Genehmigung des Autors
Helene Voigt-Diederichs (1875–1961): *Bilder aus der Kriegszeit (1916)*
Aus „WIR IN DER HEIMAT. Bilder aus der Kriegszeit", 1916, mit freundlicher Genehmigung des Eugen Diederichs Verlages, Köln
Uta Willms (geb. 1939): *Dem Wikingerschiff auf der Spur*
Aus „Strandgut-Geschichten, Gedichte und andere wahre und erfundene Sachen von der Küste", hrsg. von Marie-Thérèse Schins-Machleidt, Rowohlt Taschenbuch Verlag, Reinbek 1985, mit freundlicher Genehmigung der Autorin
Altstädter Schützenmarsch von 1568
unbekannter Verfasser
Anekdoten von den Schleswiger Husaren
Aus Gerd Stolz, „Anekdoten vom Militär", Husum Druck- und Verlagsgesellschaft, Husum 1983
Claus Möllar auf dem Holm
Der Maurer
Aus „NIS PUK", Schleswig-Holsteinischer Volkskalender mit Almanach für das Jahr 1926, hrsg. von Chr. Tränckner, Schleswig
Der Brutsee – Eine Sage
Der Hirschhornbrunnen – Eine Sage
Die abgehauene Zehe – Eine Sage

Die Schleswiger Bahn – Eine Sage
Aus „Sagen, Märchen und Lieder der Herzogtümer Schleswig, Holstein und Lauenburg", hrsg. von Karl Müllenhoff, neue Ausgabe besorgt von Otto Mensing, Schleswig 1921
Der Schleswiger Dom
Im Gottorf-Museum
Vorgeschichtlicher Schmuck
Aus „Witze aus Schleswig-Holstein, hrsg. von Carl Budich, Husum Druck- und Verlagsgesellschaft, Husum 1980
Ein arabischer Reisender besucht Haithabu/Schleswig im 10. Jahrhundert, Schleschwîq
Aus „Ein arabischer Berichterstatter aus dem 10. Jahrhundert über Fulda, Schleswig, Soest, Paderborn und andere Städte des Abendlandes, Artikel aus Qazwînîs Átnâr al-bilâd", aus dem Arabischen übertragen von Georg Jacob, Berlin 1896
He paßt to Schleswig
In Schleswig – nix vör't Meß
Schleswiger Zungenbrecher
„Un de Dom ... is dat Best". Aus dem Wanderlied des Schuhmachergesellen
Aus: Hans Heinrich Rottgardt, „Mehr Hohn as Fockbek – Schleswig-Holstein im Volkshumor", Husum Druck- und Verlagsgesellschaft, Husum 1976
Mein Schleswig
Unbekannter Verfasser
Wie Erzbischof Rimbert eine Nonne befreite (um 870)
Aus „Vita Rimberti", MGHSS, cap. 18, zitiert nach „Die Geschichtsschreiber der deutschen Vorzeit", hrsg. von G. H. Perz u. a., IX. Jahrhundert, 7. Band, „Die Übertragung des h. Alexander von Ruodolf und Meginhart, Berlin 1856

Inhaltsverzeichnis